DICTIONNAIRE
RAISONNÉ
de la
LÉGISLATION USUELLE
DES PRUD'HOMMES
ET LEURS JUSTICIABLES,
avec
Formules et Actes dépendant de leur ministère.

DICTIONNAIRE
RAISONNÉ
DE LA LÉGISLATION USUELLE
DES
PRUD'HOMMES
ET LEURS JUSTICIABLES,

avec Formules des actes dépendant de leur ministère, contenant les notions du droit civil et administratif qui y sont relatives,

PAR L'AUTEUR DU CODE DES PRUD'HOMMES,

A. DURUT.

AMIENS,
Typographie d'Alfred CARON, Galerie du Commerce, 13—14.

PARIS,
RORET, libraire, rue Hautefeuille, 10 bis.

1846.

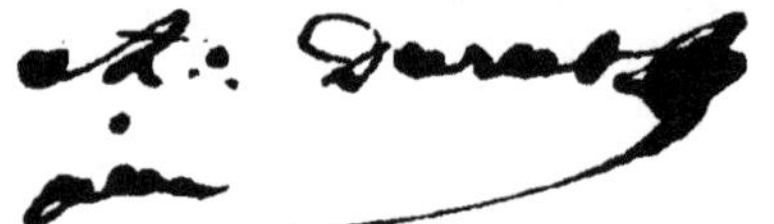

AVERTISSEMENT.

L'idée qui m'a fait penser à cet ouvrage que j'ai l'honneur d'offrir au public et aux conseils des Prud'hommes, provient de la réflexion que je me suis faite, qu'un grand nombre de Membres qui composent ces Conseils, se trouvant trop souvent occupés de leurs affaires personnelles, n'ont pas toujours le loisir de se consacrer à l'étude approfondie de la législation qui régit ces tribunaux exceptionnels.

Qu'en leur offrant un ouvrage méthodique, raisonné, d'un usage rendu facile par son ordre alphabétique, par ses formules; je leur procurais l'avantage de se mettre à l'instant au courant, non seulement des actes administratifs qu'ils ont à remplir, mais encore des questions de droit, qu'ils sont appelés à résoudre.

Les renseignements contenus en cet ouvrage ont été puisés dans le travail des auteurs recommandables, qui ont déjà écrit en cette matière; entre autres, Messieurs *Léopol* et *Mollot;* dans le *Moniteur* des Prud'hommes, et dans les décisions les plus remarquables rendues par la Cour de Cassation, et par les Conseils de Prud'hommes en France.

Par la création nouvelle d'un Conseil de Prud'hommes à Paris, la législation qui les concerne va indubitablement s'améliorer; déjà le gouverne-

1

ment vient de saisir les Chambres de trois nouveaux projets de lois : l'un relatif aux marques de fabrique, et les deux autres relatifs aux livrets et dessins.

Chaque fois que cette législation éprouvera quelques changements, je me ferai un devoir de les signaler dans un Appendice, faisant suite à cet ouvrage.

Puisse le désir que j'éprouve d'être utile à l'institution si précieuse des Prud'hemmes, atteindre le but que je me propose.

A. DURUT.

DICTIONNAIRE
RAISONNÉ
DE LA LÉGISLATION USUELLE
DES CONSEILS
DE
PRUD'HOMMES.

ACCUSATION (Acte d'). — Dans les cas prévus par les articles 10, 11, 12 et 13 du décret du 18 mars 1806, les Prud'hommes peuvent rédiger les procès-verbaux et actes d'accusation, constant les soustractions faites par les ouvriers au préjudice des fabricants, et les infidélités commises par les teinturiers. (Ces actes, aux termes de la loi du 22 frimaire an 7, titre 11, art. 70, § 1er. et de la lettre du ministre des finances du 12 germinal an 7, doivent être enregistrés en débet.)

—

FORMULE N°. 1.

Acte d'Accusation.

L'an mil huit cent quarante, le...., du mois de...., le conseil général des Prud'hommes de la ville de...., arrondissement de...., département du...., a rendu l'ordonnance dont la teneur suit :

Vu le procès-verbal en date du..., enregistré en débet à..., le..., tenu par messieurs M... et O..., mem-

bres du bureau particulier du présent conseil, à la charge du nommé P..., *(nom, prénoms, âge, profession et demeure de l'accusé), constatant le délit de soustraction de tissus de coton dont il est accusé ; vu également le procès-verbal d'instruction* (1) *fait à sa charge par monsieur le Président de ce conseil, en date du...., enregistré en débet à..., le...;*

Considérant qu'il résulte desdits procès-verbaux et instruction, que ledit sieur P... *(l'accusé) est suffisamment prévenu de s'être rendu coupable de la soustraction de matières premières consistant en tissus de coton, dans l'atelier du sieur* H..., *son maître, etc., etc...;*

Considérant que ce délit est prévu par les articles 406 *et* 408 *du code pénal;*

Vu lesdits articles, ensemble les articles 10, 11, 12 *et* 13, *titre* 2, *section* 2 *de la loi du* 18 *mars* 1806 ;

Le conseil faisant droit, dit et ordonne que ledit P..., *(l'accusé), sera mis sur-le-champ à la disposition de monsieur le Procureur du Roi, près le tribunal civil de..., pour être statué ce qu'il appartiendra ; qu'à cet effet, il sera appréhendé au corps et conduit à ce magistrat, ainsi que les pièces de conviction et de procédure, par tout officier de la force publique ;*

Ainsi fait et ordonné en chambre du conseil général des Prud'hommes de la ville de..., dans le local ordinaire de ses séances, hôtel de la Mairie, audit à..., le... 1840.

(Signatures des membres du conseil et du greffier.)

ACTE D'INSTRUCTION.—(Voyez *Instruction*).

(1) Voyez instruction.

ACTE DE DÉPOT.—La marque d'un fabricant doit être déposée au greffe des Prud'hommes. (Décret du 11 juin 1809, art. 7, 8 et 9.)

— Voyez aussi *Marques de fabrique*.

FORMULE N°. 2.

Acte de Dépôt d'une Marque de fabricant au greffe des Prud'hommes.

L'an 1840, le ... du mois de ..., s'est présenté au greffe du conseil des Prud'hommes de cette ville de..., arrondissement du..., département de ..., le sieur N... (nom, prénoms, profession et demeure), lequel nous a exhibé une marque en..., consistant en..., qu'il a déclaré être la sienne dont il se sert pour en frapper ou empreindre les ouvrages de sa fabrication, et nous a requis conformément aux dispositions des articles 7, 8 et 9 du décret du 11 juin 1809, de recevoir le dépôt ou l'emprunt sur les tables (1) communes de ladite marque, et d'en faire l'enregistrement sur le registre à ce destiné.

Ce que nous lui avons octroyé et avons délivré le présent procès-verbal pour lui servir et valoir ce que de droit.

(Signatures du comparant et du greffier.)

AFFICHES.—Les conseils de Prud'hommes ont le pouvoir dans le cas ci-après, de prononcer comme peines dans l'intérêt de la vindicte publique, l'im-

(1) Voyez *Table*.

pression et l'affiche de leurs jugements : 1°. pour manque de respect à l'audience, insulte et irrévérence grave.

2°. En matière de contrefaçon d'une marque (art. 33 et 34 du décret du 11 juin 1809, titre 6.—Art. 11, titre 2 du décret du 5 septembre 1810.)

Nota. Lorsque l'affiche du jugement est demandée par voie de réparation civile, les conseils de Prud'hommes ne peuvent se dispenser de statuer sur ce chef ; ainsi décidé par arrêt de la cour de cassation du 11 juillet 1823. (Sirey, tome 23, première partie, page 421. Journal du Palais, 67, 241.)

FORMULE N°. 3

D'un Jugement de condamnation pour manque de respect à l'audience.

Nous soussignés N... *et* O..., *membres du conseil général des Prud'hommes de la ville de*..., *arrondissement du*..., *département de*...;

Tenant le bureau particulier dudit conseil, étant en fonctions d'entendre et concilier le sieur N... *et le sieur* O..., *sur le différent qui existe entre eux ;*

Ledit sieur O..., *s'étant permis plusieurs paroles injurieuses et malhonnêtes envers le sieur* N...; *et ayant récidivé plusieurs fois, malgré nos avertissements, d'un commun avis, et conformément au prescrit de l'article* 23 *du décret du* 11 *juin* 1809, *avons condamné et condamnons ledit sieur* O... *à*... *francs d'amende, ordonnons de plus que copie du présent jugement sera affichée dans la ville de*..., *au nombre de*... *exemplaires, et condamnons ledit sieur* O..., *en tous frais et dépens liquidés à la somme de*..., *ainsi jugé et prononcé en bureau particulier dudit conseil de Prud'hommes, séance publique tenant le . . . du mois de . . . 1840.*

(Signature des Prud'hommes
et du greffier.)

AFFIRMATION.—(Voyez *Serment.*)

AGE DES ENFANTS, et Durée de leur travail par jour. (Loi du 22 mars 1841.)

AGE — pour être apte à remplir les fonctions de Prud'hommes.—Il faut être âgé de trente ans accomplis· (Décret du 11 juin 1809, art. 17.)

AGE—pour l'électorat des Prud'hommes. — Les personnes désignées par la loi du 18 mars 1806, pour concourir à la formation des conseils de Prud'hommes, doivent être âgées de vingt-cinq ans. (Loi sur les élections du 19 avril 1831, art. 1.)

ALLIÉ. — Les parents et alliés, jusqu'au degré d'oncle et neveu inclusivement, ne peuvent être simultanément membres d'un même conseil de Prud'hommes, soit comme juges, soit comme officiers du ministère public, ou même comme greffiers, sans une dispense du Roi. (Loi sur l'organisaition də l'ordre judiciaire du 20 avril 1810, chap. 8, art. 63.)

ALTÉRATION D'ÉCRITURE.--(Voyez *Faux*).

ALTÉRATION DE MARCHANDISES. — L'ouvrier est responsable envers son maître de la malfaçon de la marchandise qu'il fabrique. (Art. 1382, 1383 et 1384 du code civil, art. 479 du code pénal).

AMENDE.— Les amendes sont rangées par l'article 9 du code pénal, parmi les peines proprement dites ; en conséquence, elles ne peuvent être poursuivies que par action publique. (Cour de cassation, arrêt du 18 avril 1811.—Sirey tome 17, 1re. partie, page 328.—D. A. 1re. 212.)

Les Prud'hommes peuvent la prononcer :

1°. Pour manquement de respect envers eux. (Art. 33 du décret du 11 juin 1809.)

2°. Pour contrefaçon des marques de fabrique. (Loi du 5 septembre 1810, art. 1.)

3°. Contre les témoins détaillants. (Art. 263 du code de procédure civile.)

Nota. Bien que la loi des Prud'hommes n'ait pas prévu cette dernière pénalité, contre le témoin qui refuse de comparaître, les dispositions du code de procédure civile doivent être appliquées. — (Moniteur des Prud'hommes, du 15 décembre 1841, n. 2, page 27.)—La loi générale ne cesse d'être applicable, que dans les points sur lesquels la loi spéciale y a dérogé. Or, les lois relatives aux Prud'hommes, se bornant à régler les matières de leur compétence, ne contiennent point cette dérogation.

APPEL.—L'appel des jugements de Prud'hommes est permis.

1°. Contre le jugement qui punit l'offense envers les Prud'hommes. (Mollot, de la compétence des conseils des Prud'hommes, pages 208 et 209, n. 325.)

2°. Contre les jugements en matière civile qui prononcent sur une demande qui excède 100 francs. (Décret du 3 août 1810, art. 2.)

3°. Contre les jugements rendus en matière de police. — Mollot, page 257, n. 414.)

FORMULE N°. 4.

Acte d'Appel.

L'an mil huit cent quarante, le ... du mois de ..., à la requête du sieur P . . . , *(nom, prénoms, profession, domicile et demeure), dûment patenté de sa classe à la mairie de ..., en date du ..., n. ..., j'ai (immatricule de l'huissier) soussigné, signifié et déclaré au sieur* M . . . , *(nom, prénoms, profession, domicile et demeure de l'assigné) en son domicile en parlant à ...*

Que le requérant est appelant comme de fait par ces présentes il interjète appel du jugement contradictoirement rendu à son désavantage par le conseil général des Prud'hommes de la ville de ..., en date du. .., enregistré à. .., le. .., pour les torts et griefs que ledit jugement lui infère, ses moyens d'appel sont fondés. (Déduire les motifs.)

Et pour être fait droit sur ledit appel, au même instant, à la même requête, domicile et parlant comme dessus, j'ai huissier soussigné, donné assignation audit sieur M . . . . *en son domicile, en parlant comme dessus à ..., comparaître dans le délai de huitaine franche, outre un jour, par trois myriamètres de distance et conformément à la loi; devant messieurs les présidents et juges du tribunal de commerce de la ville de ..., dans le local ordinaire de leurs séances, le..., ...heures du ..., pour par les motifs ci-devant énoncés, voir mettre l'appellation et ce dont est appel au néant, émendant et faisant ce que les membres du conseil des Prud'hommes auraient dû faire, lui adjuger les conclusions prises en première instance et celles qu'il prendra à l'audience, s'entendre ledit sieur* M . . . , *débouter de ses demandes, fins et conclusions, et condamner aux frais et dépens des deux instances, ordonner la restitution de l'amende consignée sans frais.*

Et pour que ledit sieur M..., *n'en ignore, je lui ai, en son domicile et parlant comme dessus, laissé et délivré la copie du présent exploit dont acte. Le coût est de....*

(Signature de l'huissier.)

Nota. L'appel est porté devant le tribunal de commerce de l'arrondissement où siége le conseil des Prud'hommes qui a rendu le jugement, et à défaut de tribunal de commerce, devant le tribunal civil de première instance du même arrondissement qui en fait les fonctions. (Art. 29 de la loi du 18 mars 1806, art. 27 du décret de 1810 et art. 2 décret du 3 août 1810. Mollot, n. 352.)

APPEL. — DERNIER RESSORT. — (Voyez *Jugement.*)

APPEL EN MATIÈRE DE POLICE.—(Voyez *Jugement de police.*)

APPRENTISSAGE. — L'apprentissage est un contrat qui intervient entre un maître et son apprenti, et qui se trouve réglé d'une manière générale par la loi du 22 germinal an 11.

— Définition et nature de ce contrat. (Voyez Mollot, n. 215, page 139.)

—En cas de minorité, le contrat d'apprentissage est consenti par le tuteur légal le père ou la mère de l'apprenti, ou par un tuteur étranger que lui a nommé son conseil de famille. (Code civil, art. 450.)

— Sa résolution est prévue par l'article 9, titre 3 de la loi du 24 germinal an 11, relative aux fabriques, manufactures et ateliers.

— Son homologation est soumise aux conseils des Prud'hommes. — Moniteur des Prud'hommes du 1er. avril 1842, n. 9, page 90.)

—Le prix d'apprentissage se prescrit par un an. (Code civil, art. 2272.)

APPRENTI. — On appelle *Apprenti*, celui qui apprend un métier. Les apprentis sont soumis à la juridiction des Prud'hommes.—(Décret du 11 juin 1809, art. 10, section 2.)

— Non soumis à la patente. — (Décret des 2-17 mars 1791, sur la suppression des maîtrises et jurandes, art. 7.)

— Ne peuvent quitter leur maître, sans un congé d'acquit. — (Loi du 24 germinal an 11, titre 3, art. 11.)

— Sont punissables d'emprisonnement, en cas de manquement grave envers leur maître. (Décret du 3 août 1810, titre 2, art. 4.)

— En cas de vol dans l'atelier, ou le magasin de son maître, l'apprenti encourt la peine de la réclusion. — (Code pénal, art. 386.)

FORMULE N°. 5.

Ordonnance d'Emprisonnement contre un Apprenti.

Nous N..., *président du conseil des Prud'hommes de la ville de..., arrondissement de..., département du..., d'après la déclaration faite devant le bureau particulier dudit conseil, et par le sieur* O..., *(nom, prénoms, profession et demeure du plaignant), le..., enregistrée à..., le..., du manque grave de la part du sieur* R . . . , (*nom, prénoms, profession et demeure de l'inculpé*) *apprenti, envers sa personne ; lequel consiste en..... (Désigner l'objet de la plainte.)*

Ainsi que l'attestent les sieurs N . . . *et* P . . . , *et d'après l'aveu qu'en fait ledit* R . . . .

Ordonnons que, pour punition dudit manque grave de la part dudit R . . . , *envers la personne du sieur* O . . . , *son maître, auquel il doit respect et obéissance, et pour servir d'exemple dans l'atelier, conformément aux dispositions de l'article* 4, *titre* 4 *du décret du* 3 *août* 1810, *ledit* R . . . , *apprenti, se rendra aujourd'hui . . . , dans la maison d'arrêt de cette ville, et y gardera prison l'espace de . . . jours, et faute par lui de déférer à la présente ordonnance; il y sera contraint par la force publique, et lui faisons défense de récidiver.*

Ainsi fait et ordonné en chambre du conseil des Prud'hommes de la ville de . . . , le . . . du mois de . . . l'an mil huit cent quarante.

(Signature du Président.)

Nota. Si l'apprenti, sur l'avertissement de se rendre en prison, ne défère pas à cette ordonnance, le Président la lui fait notifier par huissier aux frais de ses parents ; et en vertu de l'expédition de cette ordonnance certifiée par le greffier, il est emprisonné par le premier agent de police ou de la force publique.

ARBITRAGE.—Les Prud'hommes concilient ou jugent à ce titre proprement volontaire les parties qui ne sont pas leurs justiciables. (Décret du 11 juin 1809, art. 58.—Mollot, n. 263 et 301.)

FORMULE N°. 6.

Modèle de Compromis devant les Prud'hommes.

L'an 1840, le... du mois de ..., par devant nous N. et O., tous deux membres du conseil des Prud'hommes de la ville de . . ., arrondissement de . . ., département du . . . tenant le bureau particulier dudit conseil, assisté de notre greffier, sont volontairement comparus les sieurs S. . ..; (nom, prénoms, qualités et demeure); et le sieur T. . ., (nom, prénoms, qualités et demeure), lesquels nous ont invités, et même requis; de statuer en dernier ressort (ou à la charge d'appel), dans tel délai, sur . . ., (désigner l'objet en litige, et mettre ensuite les clauses qu'on veut insérer); et ont signé.

Desquelles comparution et réquisition nous avons donné acte aux parties; en conséquence, après avoir accepté les pouvoirs à nous déférés ci-dessus, nous nous sommes constitués en tribunal arbitral pour juger conformément auxdits pouvoirs; et avons signé.

Après avoir entendu les parties par elles-mêmes, ou par . . . défenseur . . . et . . . défendeur de . . .

Considérant qu'en fait il s'agit de . . . (poser le point de fait);

Qu'en droit il s'agit de . . . (poser le point de droit);

Attendu que . . . (énoncer les motifs);

Nous arbitres susdits, en vertu du pouvoir sus-énoncé disons, etc. . . (mettre le jugement).

Condamnons tel . . . aux dépens, liquidés à la somme de . . . (ou dépens compensés).

Ainsi fait et prononcé aux parties présentes, en séance publique du conseil des Prud'hommes de la ville de . . ., dans le local ordinaire des audiences, hôtel de la Mairie, audit . . . les jour, mois et an que dessus.

(Signatures des deux Prud'hommes et du Greffier).

Nota. Cette décision doit être enregistrée conformément à l'article 42 de la loi du 22 frimaire an 7, et déposée dans les trois jours au greffe du tribunal civil par l'un des arbitres. (Code de procédure civile, art. 1020.)

ARCHIVES. — Le Greffier des Prud'hommes est gardien des archives du conseil des Prud'hommes. (Décret du 11 juin 1809, art. 26.—Mollot, n. 112).

— Dans le greffe doit être établi un lieu destiné à recevoir les dessins et marques de fabriques, que les lois et règlements veulent que les fabricants y déposent pour en conserver la propriété. (Mollot, ibid.)

ARTISAN. — L'artisan n'est point justiciable des Prud'hommes, à moins qu'il ne soit employé dans une fabrique ou atelier, à tant par jour ou par mois. (Mémorial du Contentieux, année 1838, vol. 2, page 5. — Mollot, n. 258.)

ARTS ET PROFESSIONS, dont les chefs, ouvriers et apprentis sont soumis à la juridiction des Prud'hommes. — (Voyez *juridiction*).

ARRESTATION. — Les Prud'hommes ont le droit d'ordonner l'arrestation des ouvriers et apprentis dans les affaires de police. (Loi du 22 germinal an 11, titre 5, art. 19. — Décret du 3 août 1810, art. 4. — Mollot, n. 324 et 397.)

ARRESTATION. — (Voyez *Accusation*).

ASSIGNATION. — (Voyez *Citation*).

ASSEMBLÉE ÉLECTORALE. — Son unique objet est d'élire les Prud'hommes. (Décret du 11 juin 1809, art. 13. — Mollot, n. 79.)

ATELIER INCOMMODE. — L'industriel est responsable non seulement du dommage que le travail de son atelier cause aux propriétés voisines, mais il est tenu encore à faire disparaître les incommodités dont les voisins se plaingnent. (Ainsi jugé par la cinquième chambre du tribunal civil de la Seine. — *Moniteur des Prud'hommes*, 4e année, du 20 février 1845, n. 8, page 59.)

ATELIERS. Inspection (d')—Les Prud'hommes ont le droit d'inspecter les ateliers, pour obtenir des informations sur le nombre des métiers et d'ouvriers employés. (Décret du 18 juin 1806, titre 4, art. 29.)

— Le trouble dans les ateliers est constaté par les Prud'hommes. — (Décret du 5 août 1810, titre 2, art. 4.)

— Voyez aussi *Coalitions*.

ATELIERS. — (Voyez *Réglement*).

ATELIER. — (Voyez *Privilèges*).

ATTRIBUTIONS DES PRUD'HOMMES. — La loi confère aux Prud'hommes deux attributions, l'une administrative, et l'autre judiciaire. L'attribution *administrative* consiste, 1°. à assurer la conservation de la propriété des marques de fabriques;

2°. A assurer la conservation de la propriété des dessins de fabriques;

3°. A vérifier certains draps et étoffes;

4°. A présider au règlement de compte et à la police entre les Marchands-fabricants et les Chefs d'ateliers ;

5°. A inspecter les ateliers ;

6°. A constater les contraventions aux lois et règlements. — (Loi du 18 mars 1806. Section 2, art. 10 et 14.—Décret du 11 juin 1809. art. 4.—Décret du 5 septembre 1810, art. 1er. Mollot, n°. 431.)

L'attribution *judiciaire* donnée aux Prud'hommes consiste 1°. *en matière civile*, à juger toutes les contestations qui naissent entre les Marchands-fabricants, chefs d'ateliers, contre-maîtres, ouvriers, compagnons et apprentis ; 2°. *en matière de police*, à juger tout délit tendant à troubler l'ordre et la discipline de l'atelier, tout manquement grave des apprentis envers leurs maîtres ; comme de constater les contraventions aux lois et règlements nouveaux ou remis en vigueur. (Décret du 3 août 1810. Titre 1er, art. 1er. — Même Décret, art. 4. — Loi du 22 germinal an 11, titre 5, art. 19. — Mollot, nos. 397 et 431).

Les contraventions dont la connaissance rentre également dans la juridiction des Prud'hommes, indépendamment des soustractions de matières premières que les Prud'hommes ont le droit aussi de constater, sont : 1°. Les contraventions réputées délits de simple police, par le décret du 3 août 1810.

2°. Les contraventions relatives à la marque particulière des ouvrages de quincaillerie et coutellerie, aux termes des art. 8 et 9 du décret du 5 septembre 1810.

3°. Les contraventions concernant les marques en général, aux termes du décret du 11 juin 1809, et sur lesquelles ils sont appelés à remplir l'office de conciliateurs.

4°. Les contraventions qui regardent la lisière des draps, aux termes de l'art. 8 du décret du 22 décembre 1812, suivant lequel les Prud'hommes remplissent encore le ministère d'arbitres conciliateurs.

5°. Les contraventions au décret du 21 septembre 1807, qui contient règlement pour les draps destinés au commerce du Levant.

6°. Les contraventions à l'ordonnance royale du 8 août 1816, qui oblige les fabricants d'étoffes et tissus de la nature de ceux prohibés, à ne mettre dans le commerce ces étoffes et tissus, que revêtus d'une marque de fabrication.

7°. Enfin les contraventions relatives à la marque particulière des savons et aux dessins de fabrique.— (Voyez *Marques*).

ATTRIBUTION. — (Voyez *Juridiction*).

ATTROUPEMENT. — Les conseils de Prud'hommes sont spécialement chargés de constater d'après les plaintes qui pourraient leur être adressées, les attroupements, les coalitions, les embauchages d'ouvriers, les pillages et les dégâts de marchandises, commis dans les fabriques en réunion à force ouverte, etc. etc. — (Loi du 22 germinal an 11. — Décrets des 23 nivôse et 3 fructidor an 9. — 21 septembre 1807. — 25 juillet et 5 septembre 1810. — 1er avril et 18 septembre 1811. — Moniteur des Prud'hommes du 15 novembre 1841, n° 1er pages 11 et 13.

FORMULE N°. 7

D'un Procès-Verbal constatant un attroupement d'Ouvriers de fabrique.

Nous N. . . . et P . . ., membres du Conseil général des Prud'hommes de la ville de . . . . arrondissement de . . . , Département du . . . tenant le bureau particulier dudit Conseil , décorés de notre médaille , et remplissant en cette partie les fontions d'officiers auxiliaires de police judiciaire :

Informés par la rumeur publique (ou sur l'avis que vient de nous donner le sieur N . . . *(nom , prénoms qualités et demeure.) chef de fabrique etc. etc. ; que les ouvriers de sa fabrique se sont coalisés ou ameutés à effet (déduire ici les motifs de l'attroupement, ou de la coalition ;) que lesdits ouvriers avaient abandonné leur ouvrage et sa fabrique, se trouvaient réunis à . . (indiquer le lieu du rassemblement.)*

Nous nous sommes rendu immédiatement à l'endroit indiqué de l'attroupement ou étant, et après avoir décliné aux ouvriers présents, notre qualité et notre mission ;

Nous les avons invités à nous faire connaître les motifs de leur rassemblement, et après avoir essayé inutilement tous les moyens de persuasion et de conciliation d'opportunité afin de les ramener à leur devoir ;

Nous leur avons donné lecture des articles 1 *et* 2, *de la loi du* 10 *avril* 1831, *sur les attroupements ; et les avons sommé de se retirer sur le champ chez eux , leur déclarant que s'ils n'obtempéraient pas à la sommation légale qui venait de leur être faite ; il serait pris contre eux , telle mesure que la loi ordonne en pareille circonstance, et après avoir remarqué les nommés V..., G... et T..., (désigner les noms, prénoms, qualités et demeures;) comme principaux instigateurs de l'attroupement dont sagit, nous leur avons déclaré Procès-verbal, comme se trouvant en rébellion contre l'ordre public, et avons de tout ce que dessus rédigé le présent procès-verbal, qui a été par nous remis immédiatement à Monsieur le Président du Conseil des Prud'hommes, pour être par lui ordonné ce qu'il appartiendra. — Ainsi fait et signé à .... le ... du mois d....1840 à ... heures du ...*

(Signatures des deux Prud'hommes).

Nota. Voyez au mot *Instruction*, la procédure à suivre par suite de ce procès-verbal.

AUDIENCE. — C'est la séance dans laquelle les conseils des Prud'hommes, écoutent les contestations des parties, et rendent leurs décisions. (Décret du 11 juin 1809. Titre 6, art. 32).

AUDIENCE-PUBLICITÉ. — La loi a mis la Publicité au premier rang des Garanties constitutionnelles, ce principe est tellement impérieux qu'elle déclare nuls, tout les débats qui n'auraient pas eu la publicité pour base. (Loi du 20 avril 1810, sur l'organisation de l'ordre judiciaire, et l'administration de la justice).

AUDIENCE (Trouble d'). — L'insulte adressée par une partie à l'autre, en est un. (Décret du 11 juin 1809, titre 6, art. 23 et 24. — Moniteur des Prud'hommes du 1er. septembre 1842, n° 19, page 174).

AUDIENCE. — (Voyez *Bureau*).

AVANCES SUR LE SALAIRE. — L'ouvrier qui a reçu des avances sur son salaire, ne peut aller travailler ailleurs qu'après avoir rempli son engagement, ou acquitter sa dette par son travail. (Arrêté du 9 frimaire an 12, ou 1r. décembre 1803, art. 7).

AVANCES. (Quotité des). — L'engagement d'un ouvrier ne peut excéder une année, à moins qu'il ne soit contre-maître, conducteur des autres ouvriers, ou qu'il n'ait un traitement et des conditions stipulés par un acte exprès ; les avances qui peuvent être légalement faites aux ouvriers, ne doivent pas dépasser le prix des travaux à faire pendant le temps de son engagement ; sans cela, ce serait retenir illégalement et à l'infini l'ouvrier auquel on aurait fait de fortes avances, et donner par suite matière à l'embauchage. (Loi du 24 germinal an 11, titre 3, art. 15. — Code des Prud'hommes, page 178, art. 12, et les annotations).

AVANCES-SOLIDARITÉ. — Les Membres d'une famille, travaillant en commun pour le même maître, ne sont point solidairement tenus au-delà de leur part, dans lesdites avances faites à la famille. (Moniteur des Prud'hommes, du 1r. mars 1843. no. 8, page 62).

AVANCES. — (Voyez *Salaires*).

BOUTIQUES (Visite dans les) — Les Prud'hommes dans les villes où il existe des fabriques de savon, où chez les marchands qui en vendent, ont le droit d'inspection, pour s'assurer qu'il n'y a pas eu de fraude dans la fabrication de cette marchandise. (Décret du 1er avril 1811).

FOMULE N°. 8

D'un Procès-Verbal de visite dans une fabrique de savon.

L'an 1840, le.... du mois de .... , nous soussignés N.... et P.... , membres du Conseil des Prud'hommes de la ville de .... arrondissement de.... Département de. ..., désignés par Monsieur le Président dudit Conseil , pour faire dans les fabriques de savon de ladite ville de .. et dans les lieux de débit de savon, les visites ordonnnées par l'article 5 du décret du 1r. avril 1811 ; décorés de notre médaille ; nous nous sommes cejourd'hui transportés accompagnés de notre Greffier , dans la fabrique de savon du sieur.... , (ou bien dans les magasins, ou la boutique du sieur N...,) où nous avons trouvé (exprimer le nombre de caisse et leur contenance de briques de savon) non empreintes de la marque dudit sieur N..; en conséquence, avons procédé à la saisie desdits savons, et les avons fait transporter au greffe dudit conseil des Prud'hommes , pour être statué contre ledit sieur N.... (partie saisie) ce qu'il appartiendra.

De laquelle opération nous avons rédigé et clos le présent procès-verbal , que nous avons signés ainsi que notre Greffier, les jour, mois et an que dessus.

(Signatures des deux Prud'hommes
et du Greffier.)

— (Voyez aussi *Savon.*)

BREVET D'INVENTION. — Le brevet d'invention est un droit, qui confère à son auteur la propriété , de toute nouvelle découverte ou invention dans tous les genres d'industrie. (Lois sur les brevets d'invention du 8 juillet 1844 , art 1 et 2).

BREVET D'INVENTION. — Sont abrogées, les lois des 7 janvier et 25 mai 1791.--20 septembre 1792. — L'arrêté du 17 vendémiaire, an 7.—L'arrêté du 5 vendémiaire, an 9. — Les décrets des 25 novembre 1806 , 25 janvier 1807. — Et toutes dispositions antérieures qui concernaient les brevêts d'invention (Loi du 8 juillet 1844, art. 52.)

BUREAU particulier des Prud'hommes, (sa composition).—Le bureau particulier des Prud'hommes est composé de deux membres dont l'un marchand-fabricant et l'autre chef d'ateliers, contre-maître, teinturier ou ouvrier patenté. Ses attributions principales sont de concilier les parties. (Décret du 11 juin 1809 , art. 21 et 22.)

BUREAU PARTICULIER. —Publicité. — La publicité du bureau particulier, comme du bureau général des Prud'hommes , est prescrite *à peine de nullité.* (Loi du 20 avril 1810 sur l'organisation de l'ordre judiciaire. -- Moniteur des Prud'hommes, 2me année du 1er. octobre 1845, n°. 22, page 185.)

BUREAU GÉNÉRAL des Prud'hommes.-Le bureau général des Prud'hommes ne peut prendre de délibération , qu'en présence au moins des deux tiers de ses membres. (Décret du 11 juin 1809 , titre 4 , art. 24.)

BUREAU GÉNÉRAL. —En matière de crimes ou délits de fabrique, qui ne sont pas de sa compétence , le renvoi devant les juges compétents, est prononcé en bureau général des Prud'hommes. (Décret du 3 août 1810 , art. 4. -- Mollot , n°. 400. -- Code des Prud'hommes , titre 6 , art. 26 page 29.)

CARACTÈRE LÉGAL des Prud'hommes.--Les Prud'hommes ont le caractère de Magistrats préposés par l'autorité pour rendre la justice. (Arrêt de cassation du 6 mars 1845, voir *le Droit*, bulletin des Tribunaux du 3 avril 1845, n°. 79.—Moniteur des Prud'hommes du 1er. juillet 1842, n°. 15, page 138 et suivantes.)

CASSATION. — (Voyez *Pourvoi.*)

CAUTION. (dans quel cas elle est due). — Les Jugements des Conseils de Prud'hommes lorsqu'ils prononcent une condamnation au dessus de trois cents francs ne peuvent être exécutoires par provision qu'en fournissant caution ; cette caution, peut-être *personnelle,* comme en matière commerciale, pourvu quelle soit solvable. La caution est produite au greffe du conseil des Prud'hommes, et en cas de contestation, le contestant est cité devant le bureau général des Prud'hommes pour voir prononcer l'admission de la caution. (Décret du 3 août 1810, art. 3. Mollot, n°. 349.

FORMULE N°. 9.

Acte de Cautionnement au greffe des Prud'hommes.

L'an mil huit cent quarante, le .... du mois de .... heures de .... pardevant nous N... Greffier du Conseil des Prud'hommes de la ville de .... arrondissement de .... Département du .... est comparu le sieur O.., (nom, prénoms, qualités et demeure) lequel nous a représenté l'exploit de sommation qu'il a fait signifier par le sieur N.... huissier attaché audit conseil en date du .... enregistré le.... au sieur P..., (nom, prénoms, qualités et demeure) à comparaître pardevant nous aux fins d'accepter ou contester la solvabilité de M. Q... (nom , prénoms, qualités et demeure) ici présent et intervenant , comme sa caution personnelle qu'il est tenu de fournir pour l'exécution du jugement rendu à son profit par le bureau général des Prud'hommes de cette ville en date du .... enregistré à ... le.... a requis acte le comparant de sa comparution et de celle de M.....; sa caution , et ont lesdits comparants signés après lecture.

(Signatures des deux comparants.)

Est aussi comparu sur ladite sommation, le sieur... (nom, prénoms, qualité et demeure de la partie sommée), lequel a déclaré accepter pour caution offerte, M. Q... *ici présent; ce dont ledit sieur* O... *a requis acte que nous lui avons octroyé, et ont de nouveau lesdits comparants signé après lecture.*

» *(Ou) ledit sieur* P... *n'ayant point comparu sur la sommation à lui faite , comme il est dit ci-dessus, et sa non comparution faisant présumer son adhésion , nous greffier susdit et soussigné , avons donné acte aux parties de leurs comparutions , et dire et avons rédigé le présent procès-verbal, les jour, mois et an que dessus , et ont les comparants signé avec nous en cet endroit.*

» *(Ou) ledit sieur* P... *ayant contesté la solvabilité de monsieur* Q..., *et ayant demandé qu'elle fut rejetée , nous avons donné acte aux parties de leurs comparutions , dires et réquisitions , et avons rédigé le présent procès-verbal, qu'elles ont signé avec nous , les jour, mois et an que dessus.*

(Signatures des parties et du greffier.)

Nota. Dans cette dernière hypothèse, la caution n'étant pas acceptée, le contestant est cité devant le bureau général des Prud'hommes, pour voir prononcer l'admission de la caution. (Mollot, n. 350.)

CÉRÉMONIE PUBLIQUE.—(Voyez *Préséance*).

CHAMBRE DE COMMERCE ET DES MANUFACTURES. --- Les chambres de commerce et de manufactures sont composées de six membres élus pour trois ans, par une assemblée de notables commerçants et industriels, composée des membres du tribunal de commerce, de ceux de la chambre de commerce et de la chambre consultative elle-même, y compris les membres sortants, *des membres du conseil des Prud'hommes,* là où il se trouve un tel conseil. — (Arrêté du 18 germinal an 12. — Ordonnances royales des 16 et 17 juin, et 1er juillet 1832.)

CHEFS D'ATELIER, ce que c'est ? — Par chef d'atelier, on entend l'ouvrier entrepreneur d'ouvrage à façon, qui fait marcher, soit chez le fabricant, soit à domicile, un ou plusieurs métiers. — (*Moniteur des Prud'hommes,* du 15 décembre 1841, n. 2, page 22. — Mollot, page 44, n. 45. — Voyez *Ouvrier*.)

CHEF D'ATELIER. — (Voyez *Contre-Maître*).

CHEFS D'ATELIERS.—Peuvent être membres des conseils de Prud'hommes. — (Décret du 11 juin 1809, art. 1.)

CHEFS D'ATELIERS, qui en sont exclus, sont ceux qui ne savent lire et écrire, s'ils n'ont point six ans d'exercice de leur état, ou s'ils sont rétentionnaires de matières données à employer par les ouvriers. — Décret du 18 mars 1806, art. 3.)

CHEFS D'ATELIERS, leurs Devoirs et Obligations.—Sont prévus par le code civil. (Art. 1787 et suiv.)

CHEFS D'ATELIERS. — Sont soumis à la juridiction des Prud'hommes. (Décret du 11 juin 1809, art. 11.)

CHEFS D'ATELIERS.—(Voy. *Livre d'Acquit.*)

CITATION. — Tout marchand-fabricant, tout chef d'atelier, tout contre-maître, tout teinturier, tout ouvrier, compagnon ou apprenti, est tenu sur une simple lettre du greffier des Prud'hommes, de comparaître devant eux en personne, au jour et à l'heure fixés. --- (Décret du 11 juin 1809, titre 5, art. 29.)

FORMULE N°. 10

D'une Lettre d'Invitation pour se rendre au bureau des Prud'hommes.

Conseil de Prud'hommes de la ville de ....

Le greffier du conseil des Prud'hommes de la ville de..., à Monsieur N..., (*désigner les nom, prénoms, profession et demeure de la personne appelée*).

Vous êtes invité à vous rendre le ... (*indiquer le jour de l'audience*) 1840 ... *à neuf heures du matin, au bureau particulier de messieurs les Prud'hommes, tenu à l'hôtel-de-ville, pour répondre sur l'amende que forme contre vous le sieur* P..., (*désigner les nom, prénoms, profession et demeure du demandeur et l'objet de la demande*), *et, après avoir été entendu contradictoirement, être conciliés tous deux, si faire se peut, conformément à l'article* 22 *de la loi du* 11 *juin* 1809.

J'ai l'honneur de vous saluer,

(Signature du greffier).

A ....., le .... 1840.

CITATION par exploit d'huissier. — En cas de non comparution de la personne invitée par le greffier à se rendre au bureau particulier des Prud'hommes, elle est citée par l'huissier attaché au conseil. (Même décret, art. 30.)

—

FORMULE N°. 11.

Modèle de Citation en matière civile.

L'an mil huit cent quarante, le. . . du mois de. . ., à la requête du sieur. . . (nom, prénoms, profession et domicile), lequel fait en tant que de besoin élection de domicile en ma demeure, j'ai . . . (nom, prénoms, demeure et immatricule de l'huissier) soussigné, donné citation au sieur N *. . . (nom, prénoms, profession et demeure), ou étant en son domicile en parlant à . . ., à comparaître le. . ., heures du . . . par devant messieurs les président et membres composant le conseil général des Prud'hommes de la ville de. . ., dans le local ordinaire de leurs séances, hôtel de la mairie, dudit lieu, à l'effet de s'entendre condamner . . ., (motiver l'objet de la demande), et pour que ledit sieur . . . cité n'en ignore, je lui ai en son domicile, en parlant comme dessus, laissé et délivré la copie du présent exploit dont acte. Le coût est de . . . francs.*

(Signature de l'huissier.)

—

FORMULE N°. 12.

Modèle de Citation en matière de police.

L'an mil huit cent quarante, le . . . du mois de. . ., à la requête de monsieur N *. . ., vice-président du con-*

seil général des Prud'hommes de la ville de . . . , arrondissement de . . . , département du . . . , remplissant en cette partie les fonctions du ministère public, j'ai M . . . (immatricule de l'huissier) *donné citation au sieur* O . . . , (*nom, prénoms, profession et demeure du cité*), *en son domicile en parlant à . . . , à comparaître en personne, le . . . , heures du . . . , devant messieurs les président et membres composant le conseil général des Prud'hommes de la ville de . . . , tenant audience de police, dans le local ordinaire de leurs séances, hôtel de la mairie, pour s'entendre condamner aux peines prévues par la loi, pour s'être permis . . . .* (*relater ici les faits imputés au prévenu*) ; *ainsi qu'il est constaté au procès-verbal tenu à sa charge par* N. . . , *en date du . . . , enregistré à . . . , le . . .* (*ou bien par suite de la plainte portée à sa charge par Monsieur . . . , le . . . , etc.*), *et, pour que ledit sieur* O . . . *cité n'en ignore, je lui ai en son domicile et parlant comme dessus, laissé et délivré la copie du présent exploit dont acte. Le coût est de . . . francs.*

(Signature de l'huissier.)

Nota. Cet exploit, ainsi que tous les actes et jugements pour faits de police, doivent être enregistrés en *débet.* Loi du 22 frimaire an 7, titre 11, art. 70, § 1er. Lettre du Ministre des finances, du 12 germinal an 7.

CITATION, — Nullité. — Il y a nullité dans les citations où les délais n'auraient pas été observés, et pour la remise irrégulière de la copie. (Mollot, p. 195 et 196, n. 299 et 300.)

CITATION en matière de police. — En matière de police judiciaire, elle est délivrée à la requête du membre des Prud'hommes remplissant les fonctions du ministère public. (Moniteur des Prud'hommes, du 1r. juillet 1843, n. 14, p. 118. Code des Prud'hommes, p. 8 et 16. (Voyez aussi Ministère public.)

COMMIS DE FABRIQUE.—Le commis de fabrique est justiciable du conseil des Prud'hommes. (Léopol, Manuel des Prud'hommes, p. 29.—Mollot, n. 260. — *Moniteur des Prud'hommes* du 15 décembre 1842, n. 3, p. 23. — Code des Prud'hommes, p. 20 et 21.)

COMMIS. — (Voyez *Employés.*)

COALITIONS. — Les Prud'hommes les préviennent. (Mollot, p. 250, n. 403. — Code des Prud'hommes, p. 30 et 176.)

COALITION.—Moyens de répression. (*Moniteur des Prud'hommes* du 1er. décembre 1842, n. 2, p. 13. — Loi du 16 fructidor an 4, (2 septembre 1796.) — Loi du 22 germinal an 11, sur la police des manufactures, fabriques et ateliers, titre 2, art. 6 et 7. — Code pénal, art. 414 et suiv.)

COALITIONS.—Les Prud'hommes ont le droit de les constater. — Mollot, n. 569 et suiv.)

FORMULE No. 13.

Procès-Verbal constatant une coalition d'ouvriers de fabrique.

Nous N. . . et P. . ., membres du conseil général des Prud'hommes de la ville de . . ., arrondissement de . . ., département de . . ., tenant le bureau parti-

culier dudit conseil, etc., etc. Le reste comme à la formule n. 7. — (Voyez *Attroupement*).

COALITION DE FABRICANS—Il y a coalition tombant sous l'application de l'article 419 du Code pénal, lorsque plusieurs fabricants, appartenants à une même industrie, mais non associés entre eux, se réunissent à l'exclusion de tous autres pour : 1o. Entreposer leurs marchandises dans les magasins communs; 2o. Les vendre à prix commun; 3o. Régler sur une base commune les frais de production, notamment le salaire des ouvriers. (Ainsi résolu par la conférence de l'ordre des avocats à la cour royale de Paris. — *Moniteur des Prud'hommes*, du 1er. septembre 1842. Première année, n. 19, p. 174.)

COMPAGNONNAGE.—Le compagnonnage est une institution si ancienne que son origine se perd dans la nuit des âges. Elle est dans sa réalité un dernier et vivace débris de notre antique et puissante organisation industrielle, elle repose sur le bon, le saint, le vivifiant principe d'association mutuelle; cette institution se compose de compagnons et ouvriers *non établis*, peu goûtée des maîtres et jamais acceptée par les pouvoirs publics; elle demeure libre, et se compose des *Enfants de Salomon*, des enfants de *maître Jacques*, des enfants du père *Soubise*, et de la société de l'*Union des Indépendants*. (Voyez le livre du Compagnonnage de 1840, par Agricole Perdiguier, dit *Avignonnais-la-Vertu*. — Le *Moniteur des Prud'hommes*, de 1842, n. 20, p. 178 et 186. — (Voyez aussi *Compagnons*.)

COMPAGNONS. — On donne la dénomination de *Compagnon*, à l'ouvrier qui travaille sous les ordres d'un chef d'atelier, ou d'un ouvrier à façon lequel est en quelque sorte maître-ouvrier.

L'institution du compagnonnage, se compose, 1°. dans la société dite *des Enfants de Salomon*, des tailleurs de pierre, ou *Loups*, des menuisiers, s'intitulant compagnons *du Devoir de Liberté*, des serruriers, aussi *du devoir de liberté*. Les serruriers et menuisiers portent aussi le nom générique de *Gavots*.

2°. Dans la société *des Enfants de Maître Jacques*, on y rencontre aussi des tailleurs de pierre, *compagnons du devoir*, ou compagnons *Passants dits Loups-garoux* ; des associations des tourneurs, des vitriers, des forgerons, des tisserands, des cordonniers, des boulangers, etc. etc.

3°. La société *des Enfants du père Soubise*, se composait d'abord d'un seul corps d'état, celui de charpentiers, *Compagnons passants ou drilles* ; mais ils ont depuis lors admis dans leur sein les couvreurs et les plâtriers. Les uns et les autres se disent comme les Enfants de maître Jacques, les seuls *compagnons du devoir*.

4°. Dans *la société de l'union*, ou *indépendant*, s'est formé le noyau d'une société nouvelle qui embrasse des ouvriers de presque tous les états, et dont les Membres se donnent le nom *d'indépendans*. — (Mollot, n°. 256. — Moniteur des Prud'hommes de 1842, n. 21, page 186.)

COMPAGNONS.—Les compagnons de fabrique, sont soumis à la juridiction des Prud'hommes. (Décret du 11 juin 1809, art. 10, section 2.)

COMPARUTION DES PARTIES—Les parties doivent comparaître *en personne*, devant les conseils des Prud'hommes. (Loi du 18 mars 1806, art. 7. — Décret du 11 juin 1809, art. 29).

Nota. Cette disposition exceptionnelle qui ne permet de se faire représenter devant les Prud'hommes que par un de ses parents négociant ou marchand, a eu pour objet de parvenir plus aisément à concilier les parties ; mais elle n'est applicable qu'aux bureaux particuliers ou de conciliations, car sans cela ce serait évidemment restreindre le droit sacré de la défense, et exposer le plus souvent des ouvriers ayant peu d'habitude pour s'en expliquer clairement en justice, à la finesse et aux artifices d'adversaires adroits et intelligens. (Note de l'auteur).

COMPARUTION VOLONTAIRE—Les parties peuvent toujours se présenter volontairement devant les Prud'hommes pour être conciliées où jugées par eux. (Décret du 11 juin 1809, titre 11, art. 58).

FORMULE No. 14

D'un Procès-Verbal de comparution volontaire des parties.

L'an 1840, *le* .., *du mois de* ... *pardevant nous N*... *et P*..., *membres du Conseil des Prud'hommes de la ville de*..., *arrondissement de* ... *Département du*..., *tenant le bureau particulier dudit Conseil assistés de Monsieur H*... *notre Greffier, sont comparus les sieurs P*...., *(noms, prénoms, profession et demeure) et le sieur G*...., *(noms, prénoms, profession et demeure) lesquels nous ont déclaré que conformément au prescrit de l'article* 38, *du décret du* 11 *juin* 1809. *Ils se présentaient volontairement devant le Bureau particulier du présent Conseil, à l'effet d'y être conciliés sur les contestations qui les divisent, et au besoin jugés ; et ont lesdits H*... *et G*..., *requis acte de leur comparution et réquisition, et ont signés avec nous et notre greffier (ou bien ont les dits comparants déclaré ne savoir écrire ni signer, de ce par nous interpellés après lecture).*

(Signatures des parties.)

Le sieur P... demandeur, nous a exposé (relater les faits,) et a conclu à ce que.... ledit sieur G.... défendeur a répondu.... et a conclu à ce que...

Après avoir engagé lesdites parties à la conciliation et leur avoir proposé les moyens d'arrangement qui nous ont paru les plus conformes à l'équité et aux circonstances, elles se sont accordées ainsi qu'il suit :

Ledit sieur P.... etc.

Ledit sieur G..., etc.

De tout ce que dessus nous avons rédigé le présent Procès-verbal, qui a été lu aux parties, et qu'elles ont signées avec nous et notre greffier, ou qui ont déclaré ne savoir écrire ni signer, et que nous avons signés les jours, mois et an que dessus.

(Signatures.)

COMPÉTENCES DES PRUD'HOMMES — Voyez *Attributions.*

COMPÉTENCE CIVILE (Dernier ressort).—La disposition de l'article 2 du décret du 3 août 1810, qui ne permet l'appel contre les sentences des Conseils de Prud'hommes que lorsque la condamnation excède 100 francs, n'est pas applicable au cas où le demandeur est déclaré non recevable dans sa demande.

Dans cette hypothèse, on doit suivre les règles ordinaires et déterminer la compétence par le montant des conclusions des parties.

La disposition exceptionnelle du décret, est exclusivement relative au cas où, le défendeur est condamné à une somme inférieure à 100 francs. (Arrêt de cassation du 10 janvier 1842. Plaidant Mes Mandaroux, Vertamy et Bernard, et sur les conclusions conformes de Monsieur l'Avocat-général Laplogne-Barris.)

COMPÉTENCE.— (Voyez *Contestations entre les fabricants et commerçants.*)

COMPÉTENCE en matière de Police. — Par application du principe que la compétence d'un tribunal de police, est réglée par le lieu où le délit a été commis, c'est donc celui de la situation de la fabrique, et non celui du domicile de l'ouvrier, qui doit connaître de la contravention.

L'article 11 du décret du 11 juin 1809, et tous les décrets et ordonnances qui créent des conseils de Prud'hommes, règlent de la même manière l'étendue de leur juridiction. (Moniteur des Prud'hommes du 15 septembre 1842, n. 20, p. 183).

CONCILIATION. — En matière civile, aucune demande introductive d'instance, ne peut être reçue par le Conseil général des Prud'hommes, qu'au préalable, elle n'ait été soumise en conciliation à son bureau particulier. (Décret du 11 juin 1809, art. 22.)

FORMULE N°. 15

D'un Procès-Verbal de Conciliation.

L'an 1840 , *le .... du mois de ....., heures du... devant nous N.... et P...., membres du Conseil des Prud'hommes de la ville de .... arrondissement de... Département du ....., assistés du sieur N..... notre greffier, est comparu le sieur O...., (nom, prénoms, profession et domicile du demandeur) lequel nous a exposé que par lettre de notre greffier* ou *par citation du sieur N..., huissier attaché à ce Conseil en date du ...., il avait fait citer à comparaître ce jour, lieu et heure , devant nous le sieur R...., (nom, prénoms , profession et domicile du défendeur) pour se concilier si faire se peut, sur la demande formée à sa charge et tendante à ....(énoncer ici l'objet de la demande) à requis acte le comparant de sa comparution et déclaration qu'il fait de persister dans ladite demande, et a signé (ou bien a déclaré ne savoir écrire ni signer, de ce interpellé après lecture d'une part ;*

Est aussi comparu le sieur R. .., (nom , prénoms, profession et domicile du défendeur,) lequel a répondu .... (énoncer la réponse) et a signé (ou bien) a déclaré ne savoir écrire ni signer , de ce par nous interpellé après lecture.

Après avoir engagé lesdites parties à la conciliation, et leur ayant proposé les moyens d'arrangement qui nous ont paru les plus conformes à l'équité , lesdites parties se sont accordées de la manière suivante..... (indiquer l'arrangement).

De tout ce que dessus , nous avons rédigé le présent Procès-verbal qui a été lu aux parties et qu'elles ont signé avec nous et notre greffier (ou bien qui ont déclaré ne savoir signer, les jour, mois et an que dessus.

(Signatures.)

AUTRE FORMULE.

MODÈLE d'un Procès-Verbal de non conciliation.

L'an 1840 , *etc. etc.* (*comme au Procès-verbal qui précède*).

Après avoir engagé lesdites parties à la conciliation, et leur ayant proposé les moyens d'arrangement qui nous ont paru les plus conformes à l'équité, lesdites parties n'ayant pu se concilier, nous les avons renvoyé devant le Bureau général du présent Conseil qui tiendra sa séance le ...., (indiquer le jour et l'heure) pour y être jugées conformément aux dispositions des articles 22 *et* 56 *du décret du* 11 *juin* 1809.

De tout ce que dessus nous avons rédigé le présent Procès-verbal qui a été lu aux parties, et qu'elles ont signé avec nous et notre greffier, les jour, mois et an que dessus.

(Signatures.)

Nota. Cet acte doit être enregistré dans les vingt jours, art. 20 et 29 de la loi du 22 frimaire an 7.

CONFISCATION.—Elle a lieu sur les savons en cas de contravention. (Décret du 1er. avril 1811. — Mollot n. 474.)

CONGÉ d'Acquit. — Le congé d'acquit est un certificat que le maître donne à l'ouvrier qui a travaillé chez lui, et qui constate que cet ouvrier a rempli les conditions de ses engagements. (Loi du 22 germinal an 11. — Arrêtés des 9 frimaire et 10 ventôse, an 12.)

CONGÉ D'ACQUIT. — Dommages-intérêts encourus par le maître qui le refuse. (Loi du 22 germinal, an 11, art. 10.)

CONGÉ D'ACQUIT. — Dommages-intérêts encourus par le fabricant qui occupe l'ouvrier débiteur sans congé. (Ibid. art. 12. — Voyez *Livret.*)

CONGÉ D'ACQUIT.—Inscription aux livrets par le fabricant. (Arrêté du 9 frimaire, an 12, relatif au livret des ouvriers, titre 2, art. 4.)

Nota. A défaut par le fabricant de pouvoir inscrire le congé d'acquit, ce congé est délivré après vérification, par le commissaire de police du lieu, le maire, ou l'un de ses adjoints. (Loi ibid., art. 12.)

CONGÉ D'ACQUIT.—Dans quel délai doit-il être délivré?... La loi n'en fixe pas, mais il est d'usage jusqu'ici établi, notamment dans le nord de la France de se prévenir huit jours à l'avance réciproquement. (Moniteur des Prud'hommes du 15 décembre 1841, n. 2 bis, page 36.)

CONGÉ. (Pièce de). — L'usage généralement adopté dans les ateliers, fabriques et manufactures, est d'exiger avant la sortie de tout ouvrier travaillant soit à la pièce, soit à la douzaine, soit au cent; ou qui reçoit habituellement un nombre déterminé de kilogrammes de matières à préparer : *la confection* de la chaine, de la pièce, ou des kilogrammes de matières qu'il a prise en congé. (Moniteur des Prud'hommes du 1r. novembre 1843, no. 24 p. 203).

Nota. A défaut par l'ouvrier de confectionner l'ouvrage pris en congé, l'ouvrier peut payer une indemnité proportionnelle, et en cas de refus faire des offres réelles. (Moniteur des Prud'hommes du premier novembre 1843, n. 24, page 203.)

CONGÉ D'ACQUIT, feuille volante.—L'article 12 de la loi du 22 germinal, an 11, exigeant que le congé d'acquit des engagemens d'un ouvrier fut porté sur son livret, le congé chargé ou non, délivré sur *feuille volante*, est donc illégal, et doit être regardé comme non avenu. (Note de l'auteur.)

CONGÉ (Refus de). — Depuis l'établissement des Prud'hommes, c'est devant eux, que la demande de l'ouvrier doit être portée. (Mollot, page 156, n. 242.)

CONCUSSION. — Elle a lieu pour contravention aux droits du tarif des frais. (Décret du 11 juin 1809 art. 63. — Mollot, page 366, n°. 598.)

CONSEILS de Prud'hommes. — Les Conseils de Prud'hommes de France, ont pris naissances en l'année 1806, par un décret du 18 mars 1806, dont l'article 34 est ainsi conçu :

« Il pourra être établi, par un règlement d'ad-
« ministration publique délibéré en Conseil d'état,
« un Conseil de Prud'hommes dans les villes de
« fabriques où le Gouvernement le jugera conve-
« nable. »

CONSEILS de Prud'hommes, attribution. — La principale attribution des Conseils de Prud-hommes, consiste à concilier sans forme ni frais de procédure, les petits différens qui s'élèvent journellement soit entre des fabricans et des ouvriers ou apprentis, soit entre des chefs d'atelier et des ouvriers ou apprentis ; a juger ces différends en cas de non conciliation, jusqu'à la somme de cent francs sans appel, au delà de cette somme, l'appel est porté devant le Tribunal de commerce. (Moniteur des Prud'hommes du 15 novembre 1841, 1re. année n. 1, page 4. — Voyez aussi au mot (*attribution*.)

CONSEILS de Prud'hommes. — Énumération des fabriques, manufactures, arts et professions dont l'industrie est légalement soumise à la juridiction des Conseils de Prud'hommes.

Acier (fabricant d').
Acides (fabricant d').
Aiguilles, épingles (f. d').
Amadou.
Amidonnerie.
Apprêteurs.
Architectes et Maçons.
Armuriers.
Batiste (fabricant de).
Batteurs d'or et d'argent.
Bazin (fabricant de).
Bijouterie.
Blanchisserie d'étoffes de fil.
Blanchisserie de toile.
Bonneterie.
Bourreliers.
Boutons (fabricant de)
Brasserie.
Brosserie.
Cannes (fabricant de).
Carderie (entrep. de).
Cartes (fabricant de).
Cartonniers.
Chamoiseurs.
Chandelles et boug. (f. de).
Chapellerie.
Charpenterie.
Charronnage.
Chaudronnerie.
Cire (fabricant de).
Clouterie.
Colle (fab. de).
Constructeurs de métiers, formes, bateaux, etc.
Coraux (fabricant de).
Corderie.
Cordonnerie.
Corroyerie.
Couleurs (fabricant de).
Coutellerie.
Couvertures (fab. de).
Couvreurs.
Dentelle (fabricant de).
Dessinateurs et Figur.
Distillerie.
Draperie.
Ebénisterie.
Etoffes (fabricant de).
— en coton.

Etoffes. — laine. — soie.
— fil (de chanvre).
— fil (de lin).
— Poil de chèvre.
Fayencerie.
Ferblanterie.
Filature (entrep. de).
Filature de coton.
— de laine.
— de soie.
— de lin (de chanv.)
— de fil (de lin).
Fonderie de métaux.
Forges, tréfileries, laminoirs, martinets.
Fourbisseurs et émoulrs.
Foulerie d'étoffes.
Gaîniers.
Galonniers.
Gantiers.
Gaziers.
Gaze (fabricant de).
Graveurs sur bois et sur métaux.
Hongroierie.
Horlogerie.
Huile (fabricant d').
Huile (épuration d').
Imprimerie.
— en taille-douc.
— sur tissus.
Instruments (fab. d').
— de musique.
— de Physique.
Lamiers.
Marbrerie.
Maréchaux.
Maroquiniers.
Matelassiers.
Mécaniciens.
Mégisserie.
Menuiserie.
Meubles (fabricant de).
Mines (entrep. de).
Minoterie.
Modes (objets de).
Moulinage de soies.
Moulinage à bois de teinture, etc., etc.
Nattiers.
Orfévrerie.
Ouates et fleurs artific.
Papeterie.
Papiers peints ou tenture (fabricant de).
Parcheminiers.
Passementerie.
Paveurs.
Peignes (fabricant de).
Peigneurs de laine.
Peintres, Vitriers et Doreurs.
Pelletiers.
Perruquiers, Coiffeurs.
Plafonneurs.
Platre (fabricant de).
Plombiers.
Porcelaine (fab. de).
Poterie de terre (f. de).
Produits chimiques.
Quincaillerie.
Raffinerie et fab. de suc.
Ramoneurs.
Reliure (atelier de).
Rubans (fabricant de).
Savonnerie.
Sculpteurs et Ciseleurs.
Sel et salines (fabrique

et raffinerie de).
Selliers et Carrossiers.
Serrurerie.
Tableterie.
Taillanderie.
Tailleurs.
Tannerie.
Tapisserie (fab. de).
Teinturerie.
Tisseurs et tissage (sans spécification.
Toiles peintes.
Tondeurs d'étoffes.
Tonneliers.
Torderie de soie.
Tourneurs en bois.
— en métaux.
Tuiles et briques (f. de).
Vannerie.
Velours (fab. de).
Verrerie.
Voiliers.

(*Moniteur des Prud'hommes*, du 15 mars 1843, n. 9. p. 66.)

CONSEIL DE PRUD'HOMMES. — Voyez *éligibilité*, — *électorat*, — *siège*, etc, etc.

CONSEIL. — Jusqu'à présent, la loi n'a point admis que les parties pussent se faire assister par un étranger devant les Prud'hommes, elles ont seulement la faculté au cas d'*absence*, ou de *maladie*, de se faire représenter par l'un de leurs parents, négociant ou marchand, exclusivement porteur de procuration ; excepté en matière de police, où les *prévenus* rentrent dans le droit commun. (Mollot, p. 199. — Code des Prud'hommes, par l'auteur, p. 37. — Code d'instruction criminelle, art. 152.)

CONSERVATOIRS DES ARTS ET MÉTIERS. — Son organisation et son administration se trouvent établies par les ordonnances royales des 9 août 1831, Bulletin des Lois, série 9me, tome 13, p. 414 ; et celle du 24 février 1840, série 9me, tome 20, p. 88.

CONTRAVENTIONS. — Les contraventions aux lois et réglements que les Prud'hommes sont chargés de constater sont ceux qui concernent, 1° la police intérieure des manufactures et ateliers; 2° les rapports entre fabricants et ouvriers; 3° les marques particulières des fabricants; 4° les coalitions, les embauchages d'ouvriers; 5° les communications de secrets ou procédés; 6° les pillages et dégâts de marchandises, commis dans les fabriques en réunion et à force ouverte par les ouvriers; 7° les règlements établis sur le mode de fabrication de certaines marchandises, la nature et la qualité des produits, leurs formes et leurs dimensions, etc., etc. (*Moniteur des Prud'hommes*, de 1841, n. 1er, p. 12, note 4me. — Mollot, n. 558, p. 342 et suiv.)

CONTESTATION, —fabricant,—commerçant. — Le conseil des Prud'hommes est incompétent pour connaître des contestations entre fabricants et commerçants, et il excède ses pouvoirs en les jugeant. (Tribunal de commerce de la Seine, du 9 décembre 1845. — Affaire Roussin, journal *le Droit*, Bulletin des tribunaux du vendredi 19 déc. 1845, n. 298.)

CONTRAINTE par corps. — Voyez *Dommages-Intérêts*.

CONTREFAÇON,— caractère.—L'analogie des procédés et l'identité du but qu'on se propose d'atteindre, ne suffisent pas pour constituer une contrefaçon, si le travail est effectué par un moyen différent.—Il appartient aux tribunaux et non à la cour de cassation, d'apprécier en quoi consiste le caractère spécial de l'invention. C'est par la mise en pratique des procédés, et non par l'obtention d'un brevet semblable que se commet la contrefaçon. (Arrêt de cassation du 30 décembre 1843. — *Moniteur des Prud'hommes*, du 1er janvier 1844, n. 4, p. 29.)

— Elle peut donner lieu à des poursuites criminelles, ou correctionnelles : la contrefaçon est criminelle, lorsqu'elle s'applique à la contrefaçon ou l'altération de la monnaie, celle des sceaux de l'état, des billets de banques, des effets publics, des poinçons, timbres et marques de l'état. (Code pénal, art. 139.) La contrefaçon encoure les peines correctionnelles dans son sens le plus usuel, et lorsqu'il s'applique ordinairement à l'imitation frauduleuse des produits des arts ou de l'industrie, au préjudice des propriétaires ou inventeurs. (Ibid. art. 425 et 426.)

CONTREFAÇON, — breveté. — Toute atteinte portée aux droits du breveté, soit par la fabrication de produits, soit par l'emploi de moyens faisant l'objet de son brevet, constitue le délit de contrefaçon. (Loi sur les brevets d'inventions, du 8 juillet 1844, art. 40.)

Nota. Ce délit ne peut être poursuivi d'office par le ministère public, que sur la plainte de la partie lésée. (Même loi, art. 45.)

CONTREFAÇON, —possession.—La possession de bonne foi d'un objet contrefait de la part d'un particulier qui en fait usage seulement pour ses besoins personnels, et non un usage commercial, ne constitue pas le délit de contrefaçon. (Cour de cassation, arrêt du 28 juin 1844. — *Moniteur des Prud'hommes*, du 1er mars 1845, n. 9, p. 62.).

CONTREFAÇON—prescription. — Le délit de contrefaçon résultant du fait d'avoir vendu à un individu pour ses besoins personnels, un objet contrefait, se prescrit au profit du vendeur par le laps de trois années, à partir du jour de la vente. (Même arrêt.)

CONTREFAÇON PARTIELLE, dessins de fabrique.—Il y a contrefaçon, lorsqu'on compose le dessin d'un châle avec les éléments de plusieurs autres châles dont les dessins sont une propriété privée. (Tribunal de commerce de la Seine. — *Moniteur des Prud'hommes*, du 20 février 1845, n. 8, p. 58.)

CONTREFAÇON,—défaut de saisie.—Le breveté qui intente une action en contrefaçon, doit prouver sa plainte, sous peine d'amende et de dommages-intérêts. A défaut de saisie juridique, il ne suffit pas de produire en justice des objets contrefaits qu'on impute au défendeur, il faut établir qu'ils sortent de ses ateliers. (Cour royale de Paris. — Chambre correctionnelle du 18 mai 1844. — *Moniteur des Prud'hommes*, du 1er juin 1844, n. 14, p. 114.)

CONTREFAÇON, — dépôt, — complicité des débitants. — Le dépôt n'est pas constitutif, mais déclaratif de la propriété; cette formalité n'est prescrite que comme préalable à l'action. — Les débitants qui vendent sciemment des marchandises contrefaites sont complices du délit et doivent être punis comme les contrefacteurs même. (Cour royale de Paris, 1re chambre, 1er. février 1844. — *Moniteur des Prud'hommes*, du 15 mars 1844, n. 9, p. 68.)

CONTREFAÇON. — (Voyez *Dessins*).

— .—Jurisprudence en cette matière. — Il y a contrefaçon,

1°. Lorsque, entre l'ancien ouvrage et le nouveau, il y a assimilation dans les termes, analogie dans les éléments, et même ordre dans l'exécution, à quelques suppressions près. — (Cour de cassation, chambre criminelle du 3 mars 1826. —Affaire Muller, Sirey, tome 26, 1re. partie, page 565,)

2°. L'usurpation du *nom* d'un fabricant sur des ouvrages de coutellerie est un délit rentrant dans les dispositions de la loi du 28 juillet 1824, et qui est conséquemment de la compétence des tribunaux correctionnels : à ce fait ne s'appliquent pas les dispositions du décret du 5 septembre 1810, relatif à la contrefaçon des *marques de fabricans* sur les ouvrages de quincaillerie ou coutellerie. (Grange, Guerard et autres, contre Pradier. — Cour de cassation, chambre criminelle du 8 décembre 1827. — Sirey, tome 28, 1re. partie, page 255.)

3°. Il y a contrefaçon, lorsqu'un ouvrage est calqué sur un autre, de manière qu'il résulte entre les deux ouvrages, une similitude parfaite. Il n'est pas nécessaire que les juges déclarent en termes exprès, qu'il y a contrefaçon. (Affaire Roucoirol, contre Berard.—Cour de cassation, chambre des requêtes du 25 mai 1829, Sirey, tome 29, 1re. partie, page 428.)

4°. Il y a contrefaçon de la part de celui qui fait fabriquer en pays étranger, une machine pour laquelle un autre a déjà obtenu en France un brevet d'importation ou de perfectionnement, et qui fait usage de cette machine en France, il commet le délit de contrefaçon ou de participation à la contrefaçon, puni par la loi. —(Cour de cassation, chambre civile du 20 juillet 1830, affaire Germain contre Sévine. — Sirey, tome 30, 1re. partie, page 365.)

5°. La reproduction ou imitation d'un ouvrage d'art, tel qu'une gravure sur métier, peut constituer le délit de contrefaçon, bien que le sujet principal de cet ouvrage soit dans le domaine public, s'il est accompagné d'ornements particuliers de l'invention d'autrui.

— Ces ornements, quoique purement accessoires, n'en sont pas moins la propriété exclusive de l'inventeur. — De légères différences dans l'imitation des ornements n'empêcheraient pas au surplus qu'il y eut contrefaçon. — (Cour royale de Paris du 9 février 1832. — Affaire Ameling contre Duclos et Henrionnet. — Sirey, tome 32, 2me. partie, page 562.)

6°. La reproduction en bronze d'un sujet puisé dans un tableau ou dans une gravure appartenant à autrui, ne constitue pas le délit de contrefaçon. — (Cour royale de Paris du 3 décembre 1831. Affaire Bertrer contre Vittoz. — Sirey, tome 32, 2me. partie, page 278.)

7°. Les auteurs d'ouvrages d'art exécutés sur métaux, marbre, ivoire, bois ou toute autre matière solide et compacte, ne sont pas soumis pour s'assurer la propriété exclusive de leurs ouvrages et acquérir le droit d'en poursuivre les contrefacteurs, a l'obligation générale d'un dépôt préalable de deux exemplaires à la Bibliothèque royale. — (Cour royale de Paris du 9 février 1832. — Sirey, tome 32, 2e. partie, page 562.)

FORMULE No. 16

D'une Plainte en contrefaçon de Marque ou Dessin.

L'an 1840..., *le.... du mois de..., heure de..., etc., etc. devant nous* N... *et* P..., *membres du conseil des Prud'hommes de la ville de..., arrondissement de . . . , département du . . . , tenant le bureau particulier dudit conseil, est comparu le sieur O . . . , lequel nous a déclaré qu'instruit que dans l'atelier où le magasin du sieur H . . . (nom, prénoms, qualité et demeure), il existait des marchandises marquées. (Désigner la marque et l'espèce de marchandise) qui est la marque dont le comparant se sert comme étant sa propriété, et dont il a fait le dépôt au greffe du conseil des Prud'hommes de la ville de..., le . . . , etc., etc. ; et que ces marchandises ne proviennent pas de sa fabrique : en conséquence, le comparant nous a déclaré porter plainte de cette contravention, et nous a requis de faire saisir lesdites marchandises, constatant la contrefaçon de sa marque, déclarant se rendre partie civile contre le délinquant, et a signé après lecture, les jour, mois et an que dessus.*

(Signatures.)

FORMULE N°. 17

D'un Procès-Verbal d'Instruction, sur la plainte d'une contrefaçon de marque.

Vu la dénonciation en contrefaçon de marque portée devant le bureau particulier du conseil des Prud'hommes de cette ville de . . . , en date du . . . , enregistrée à . . ., le . . . , par le sieur O . . . (nom, prénoms, qualité et demeure.)

Nous P. . . , président dudit conseil de Prud'hommes, disons et ordonnons que messieurs L . . . et N . . . , membres dudit conseil, se transporteront accompagnés du greffier, dans la fabrique *ou* magasin *du sieur H . . . (à l'effet d'y vérifier si les objets que le sieur O . . .*

veut faire saisir, portent une marque qui constate le délit de contrefaçon dont il se plaint en conséquence opérer ladite saisie au besoin, et rédiger du tout, — procès-verbal pour être remis au bureau général, pour ensuite être statué ce qu'il appartiendra.

Ainsi fait et ordonné en chambre du conseil des Prud'hommes de la ville de . . ., les jour, mois et an que dessus.

(Signature du président.)

FORMULE No. 18.

Procès-Verbal de Visite sur les lieux en contrefaçon de marque.

L'an 1840, le . . . du mois de . . ., heures du . . ., nous soussignés L . . . *et* N . . ., *membres du conseil des Prud'hommes de la ville de . . ., etc., etc. commis à cet effet par ordonnance de monsieur le président dudit conseil, en date du . . ., enregistré à . . ., le . . . à effet de vérifier si les marchandises que le sieur* O . . . *veut faire saisir dans les magasins du sieur* H . . ., *sont empreintes ou frappées d'une fausse marque.*

Nous nous sommes transportés accompagnés de notre greffier, chez ledit sieur H . . . *(désigner les marchandises ou objets à saisir, décrire la marque qu'ils portent.) Comparaison faite de la marque dont sont empreintes ou frappés lesdits objets, avec la marque dudit sieur* O . . ., *déposée au greffe du conseil des Prud'hommes de . . ., le . . ., etc., etc.*

Nous avons reconnu (s'il y a ou non contrefaçon, ou seulement ressemblance), à l'instant nous avons dé-

claré la saisie desdits objets et ordonné leur dépôt au greffe des Prud'hommes, et avons fait et clos le présent procès-verbal, que nous avons signé avec notre greffier, les jour, mois et an que dessus. (Signatures.)

(Voyez aussi — *Instruction* Acte d').

CONTRAINTE par corps.—La contrainte par corps en matière civile, peut être prononcée par les Prud'hommes en bureau général, quoique les lois spéciales de leur organisation ne leur aient pas expressément conféré ce droit, qui ressort de leur caractère de juges et consacré par la loi générale qui ne cesse d'être applicable, que dans les points sur lesquels la loi spéciale y a dérogé.

Or, les lois relatives aux Prud'hommes, se bornant à régler leur compétence, ne contiennent point cette dérogation.

La contrainte par corps a lieu, 1°. pour dommages-intérêts excédant 300 francs. (Code de procédure civile, art. 126. — Moniteur des Prud'hommes du 1r octobre 1842, n°. 21, page 189. Note première sur l'article 6 de la loi du 9 frimaire an 12. — Mollot n°. 342, page 218. — Loi du 17 avril 1832, art 1.)

CONTRAINTE par corps, Témoins défaillants.

La contrainte par corps peut être prononcée par les conseils des Prud'hommes contre les témoins défaillants. (Code de procédure civile, art. 264.)

CONTRAINTE par corps.— (Voyez *Apprentis.*)

CONTRE - MAITRE, ce qu'il est ? — Le contre-maître d'une fabrique ou d'un atelier est l'ouvrier principal qui dirige la fabrique ou l'atelier, et n'a d'autre supérieur direct que le fabricant lui-même. (Moniteur des Prud'hommes du 15 décembre 1841, n. 2, page 22, note première.)

CONTRE-MAITRE, Patente. — Les contre-maîtres ne sont pas assujettis à la patente. (Loi du 1er. brumaire an 7, art. 29, n. 3.—Mollot, n. 74, page 62. — Loi du 25 avril 1844 sur les patentes, art. 13, n. 6.)

CONTRE-MAITRES, Prud'hommes. — Les contre-maîtres peuvent être membres des conseils de Prud'hommes. (Décret du 11 juin 1809, art. 1.)

CONTRE-MAITRES, Exclusion. — Sont exclus de la composition des conseils de Prud'hommes, 1°. les contre-maîtres qui ne savent lire ni écrire; 2°. ceux qui sont rétentionnaires de matières données à employer par les ouvriers; 3°. et ceux qui n'ont pas au moins six ans d'exercice de leur état. (Décret du 18 mars 1806, art. 5.)

CONTRE-MAITRES, soumis à la juridiction des Prud'hommes.—La juridiction des Prud'hommes s'étend sur tous les contre-maîtres travaillant pour la fabrique du lieu ou du canton de la situation de la fabrique, suivant qu'il est exprimé dans les lois et ordonnances particulières à leur établissement. — (Décret du 11 juin 1809, art. 11.)

CONTRE-MAITRES, Devoirs et Obligations. —Le contre-maître qui gère les affaires d'un autre, doit apporter dans sa gestion tous les soins d'un bon père de famille.

Il est garant des fautes de sa négligence, et du fait des personnes qu'il a sous ses ordres.

Il ne peut excéder le pouvoir qui lui est confié par celui qui l'emploie.

Il a droit au remboursement de tous les frais, avances, débours faits pour le compte de celui dont il gère la fabrique ou l'atelier, pourvu toutefois que ces dépenses aient été nécessaires et faites de bonne foi.

Il doit rendre un compte exact de toutes ses opérations à celui qui lui a confié la gestion, il ne peut quitter le fabricant qui l'emploie sans l'avoir prévenu un temps d'avance suffisant pour pouvoir être remplacé. Il est obligé de continuer sa gestion, encore que le fabricant vienne à mourir, jusqu'à ce que l'héritier ait pu en prendre la direction. (Code civil, art. 1372, 1373, 1374, 1991, 1992, 1993, 1994, 1995 et 1996.)

COSTUME des Prud'hommes.—(Voyez *Décoration.*)

COUTELLERIE.—(Voyez *Marques* et *Quincaillerie.*)

CONTRIBUTIONS.—Les fabriques, fourneaux, métiers, usines, imposés par la loi du 25 avril 1844, sont désignés aux tableaux A, B, C.—Annexés à ladite loi.—(Voir le Bulletin n. 1095.)

CONVENTIONS, Bonne Foi. — Les conventions faites entre les ouvriers et ceux qui les emploient doivent être exécutées de bonne foi, et le titre troisième du code civil, concernant les *contrats ou obligations conventionnelles*, est applicable en cette matière, par les conseils de Prud'hommes. (Note de l'auteur.)

DÉCLINATOIRE, ce que c'est ? — Le déclinatoire est la requisition par laquelle une partie traduite devant le conseil des Prud'hommes demande à être renvoyée devant un autre tribunal qu'elle prétend être le seul en droit de juger l'affaire.

Le déclinatoire peut avoir lieu à raison de la qualité de la personne qui le propose, et qui par exemple n'aurait pas été assignée devant le juge de son domicile, ou de la nature de l'affaire : cette exception doit être présentée avant toutes défenses au fond ; si le conseil des Prud'hommes était incompétent à raison de la matière, il doit d'office prononcer le renvoi. — (Loi du 24 germinal an 11, titre 5, art. 19, 20, 21 et art. 168 et 169 du code de procédure civile.)

DÉCORATION des Prud'hommes. — Les Prud'hommes ayant le caractère d'officiers publics, portent dans l'exercice de leurs fonctions, soit à l'audience, soit au dehors, une médaille d'argent suspendue à un ruban noir en sautoir; c'est le seul insigne de leurs fonctions. (Ordonnance du roi du 12-25 novembre 1828. — Mollot, n. 122, page 91. — Moniteur des Prud'hommes du 1er. mars 1842, n. 7, page 75.)

DÉCOUVERTES. — Moyens d'en assurer la propriété à ceux qui en sont reconnus les auteurs. — (Loi sur les brevets d'invention du 8 juillet 1844.)

DÉLAIS, Comparution. — Le délai de comparution devant les Prud'hommes est au moins d'un jour franc. (Décret du 11 juin 1809, art. 31.)

DÉLAIS, Abréviation de. — Dans les cas urgents, les conseils de Prud'hommes, de même les bureaux particuliers de ces conseils, ont le droit d'ordonner telles mesures qu'ils jugent nécessaires. (Même décret, art. 28.)

FORMULE N°. 19.

Cédule en cas d'urgence.

Nous N . . . , *président du conseil des Prud'hommes de . . . , (ou bien) nous* H . . . , *et* O . . . , *membres du bureau particulier du conseil des Prud'hommes de la ville de . . . , arrondissement de . . . , département du . . . , sur ce que nous a été exposé par le sieur* P . . . *(nom, prénoms, qualité et demeure) que . . . , considérant qu'il y a urgence, permettons audit sieur* P. . . , *requérant de faire citer le sieur* Z . . . *(nom, prénoms, qualité et demeure), à comparaître devant nous cejourd'hui, à . . . , heures du . . . , à l'effet de s'expliquer sur . . . , et se concilier si faire se peut, avec ledit sieur* P . . . , *mandons à l'huissier attaché audit conseil des Prud'hommes de cette ville de faire et délivrer la citation requise, et vu l'urgence, ordonnons également l'exécution provisoire de la présente cédule sur la minute des présentes. Ainsi fait, ordonné et signé en la chambre ordinaire des séances du conseil des Prud'hommes de cette ville, les jour, mois et an que dessus.*

(Signatures.)

DÉLIT à l'audience. — Dans le cas d'insulte ou d'irrévérence grave, le bureau particulier en dresse procès-verbal, et peut condamner celui qui s'en est rendu coupable à un emprisonnement dont la durée ne peut excéder trois jours. (Code de procédure civile, art. 11. — Moniteur des Prud'hommes du 15 décembre 1841, n. 2, page 26.)

DÉLIT dans l'atelier.—Tout délit tendant à troubler l'ordre et la discipline de l'atelier, tout manquement grave des apprentis envers leurs maîtres, est punissable par les Prud'hommes d'un emprisonnement qui ne peut excéder trois jours. (Décret du 3 août 1810, art. 4.)

DÉNONCIATION. — Toutes les fois que la dénonciation faite, soit pour contrefaçon de marques ou autres, est reconnue fausse et mensongère, le dénonciateur est passible de dommages-intérêts. (Décret du 5 septembre 1810, art 10. — Code pénal, art. 373.)

DÉPENS. — On entend par-là, les frais qui sont adjugés contre la partie qui succombe dans un procès. Celui des deux plaideurs qui est condamné est censé mal fondé dans ses demandes et prétentions, et par conséquent, avoir mal à propos forcé son adversaire à paraître où à ester en justice; il est donc juste qu'il supporte les frais de la procédure. (Code de procédure, art. 130).

DÉPENS. Compensation.— Les frais et dépens devant les Conseils de Prud'hommes, comme devant les autres tribunaux, doivent être compensés en tout ou en partie, c'est-à-dire que chaque plaideur sera condamné à supporter ou la totalité ou une certaine partie de ses propres dépens, lorsque chacun d'eux succombe sur divers points. (Code de Procédure, art. 131.)

DÉPENS, Fixation du premier ou dernier ressort.— Devant les Conseils de Prud'hommes, les jugements sont définitifs et sans appel, si la condamnation n'excède pas 100 *francs*, en capital et accessoires. (Décret du 3 août 1810, art. 2.)

DÉPENS, Matière d'offres. — Dans le cas où un ouvrier pour indemniser le fabricant de la non confection de la pièce qu'il a prise pour tisser, et même celle de congé, fait au bureau particulier et au bureau général, des offres suffisantes, et que le fabricant refuse, le Conseil en déclarant les offres valables, doit condamner le fabricant demandeur aux dépens. (Ainsi jugé par les Prud'hommes de St.-Quentin, le 3 octobre 1843, Moniteur des Prud'hommes du 1er. novembre 1843, no. 24, page 203.) (Voyez *Offres réelles.*)

DÉPOT. — (Voyez *Marques et dessins.*)

DÉPOT, Brevet d'invention. — Quiconque veut prendre un brevet d'invention doit déposer sous cachet, au secrétariat de la Préfecture, dans le département où il est domicilié, ou dans tout autre département en y élisant domicile;

1°. Sa demande au ministère de l'agriculture et du commerce.

2°. Une description de la découverte, invention ou application faisant l'objet du brevet demandé.

3°. Les dessins ou échantillons qui seraient nécessaires pour l'intelligence de la description.

4°. Enfin un bordereau des pièces déposées. (Loi sur les brevets d'inventions, du 8 juillet 1844, art. 5, titre 2 section première.)

DERNIER RESSORT. — (Voyez *Jugement*).

DESCENTE DE LIEUX.—Toute les fois qu'un ou plusieurs Prud'hommes jugeront devoir se transporter dans une manufacture ou dans des ateliers, pour apprécier par leur propres yeux, l'exactitude de quelques faits, ils ordonneront leur transport sur les lieux et se feront accompagner de leur greffier qui apportera la minute du jugement préparatoire. (Décret du 11 juin 1809, titre 8, art. 45.)

—

FORMULE N°. 20

D'un Jugement ordonnant une Descente de Lieux.

L'an 1840, le ...., du mois de...., le Conseil général des Prud'hommes de la ville de .... arrondissement de .... Département du ...., a rendu le jugement dont la teneur suit :

Entre le sieur C...., (nom, prénoms, qualités et demeure,) demandeur comparant en personne d'une part,

Et le sieur T...., (Nom, prénoms, profession et demeure) défendeur comparant aussi en personne d'autre part.

Point de fait.

A l'appel de la cause, le sieur C.... a exposé au Conseil que par exploit de notre huissier le sieur H... demeurant en cette ville de..., en date du... enregistré à.... le.... il avait fait assigner le sieur T..., à comparaître ce jour, lieu et heure devant le présent conseil, pour attendu, qu'ayant confié des laines à teindre audit sieur T..., celui-ci ne pouvait aujourd'hui les lui remettre en bon état parce qu'elles se trouvent piquetées par sa faute ; et attendu qu'aux termes de l'article **1382** *du Code civil, il est tenu de lui payer le dommage qu'il lui a causé, lui demandeur conclut et persiste dans ses demandes, fins et conclusions reprises en son exploit introductif d'instance sous toutes réserves de fait et de droit :*

Par le sieur T..., défendeur a été répliqué que si les laines que lui a confié le demandeur se trouvent piquetées, ce n'est pas de sa faute, mais à cause, que le demandeur ayant exigé qu'elles fussent teintes en... (désigner la couleur), le piquetage qui en est résulté, est une conséquence ordinaire de ce genre de teinture, pour quoi, lui défendeur concluait à ce que le demandeur fut déclaré non recevable en sa demande et condamné aux frais et dépens ; parties ouïes en leurs dires et conclusions ;. en droit il s'est agi de savoir : s'il y a eu mal façon, dans la teinture des laines confiées au défendeur, ou si le piquetage des laines dont se plaint le demandeur doit être attribué à toute autre cause indépendante de la volonté du défendeur, quid *à l'égard des dépens ?*

Considérant que les parties sont contraires en faits le demandeur prétendant que si ses laines sont piquetées c'est par l'incurie, ou la faute du défendeur, ce dernier soutenant la négative ;

Considérant qu'aux termes des articles 41 *et* 295 *du Code de Procédure civile, le Conseil des Prud'hommes peut dans les cas où il le juge nécessaire, ordonner que l'un ou plusieurs de ses membres se transportent sur les lieux contentieux pour apprécier si le piquetage des laines dont s'agit doit-être attribué à la faute du défendeur.*

Le Conseil avant faire droit, dit et ordonne, que sans nuire ni préjudicier aux droits des parties, les laines déposées par le demandeur au domicile du défendeur, seront visitées par Monsieur O...., l'un des membres de ce Conseil, à l'effet d'examiner, de constater, ou faire constater par experts, si le piquetage des laines dont il s'agit, doit être ou non imputé arrivé par la faute du défendeur; ou si le piquetage n'a pas été la conséquence ordinaire de la teinture que leur a fait donner le demandeur, à l'effet de quoi, mondit sieur O... dressera Procès-verbal de la visite et de son rapport, pour ensuite être ordonné par le Conseil ce qu'il appartiendra. Renvoi en conséquence la cause et les parties, à son audience du... dépens réservés.

Ainsi jugé et prononcé en séance publique du Conseil général des Prud'hommes de la ville de.... en présence des parties, dans le local ordinaire des audiences, hôtel de la Mairie, audit à ...., les jours, mois et an que dessus.

(Signatures du Président
et du Greffier.)

DESSINS. — Un projet de loi sur les modèles de dessins de fabrique déjà adopté par la Chambre des Pairs, vient d'être présenté par Monsieur le Ministre Secrétaire d'État au département de l'agriculture et du Commerce, à la Chambre des Députés; qui peut y apporter de notables changements, comme aussi abroger les dispositions des lois anciennes; dans cet état de choses, en attendant l'émission de la loi nouvelle, nous signalerons sommairement les principaux caractères légaux de la propriété des dessins de fabrique, les effets du dépôt, les conditions de la contrefaçon et la compétence des Prud'hommes en cette matière. (Note de l'auteur.)

PROPRIÉTÉ, Caractère. — La loi du 18 mars 1806, organisant la conservation de la propriété des dessins de fabrique, n'a fait aucune distinction entre les diverses espèces de dessins que l'ensemble des monuments législatifs qui l'ont précédé et suivie font induire que le législateur a voulu protéger d'une manière efficace, la propriété industrielle et encourager le zèle des fabricants, en leur donnant le droit d'exploiter à leur profit exclusif, pendant un temps plus ou moins long, toutes les idées nouvelles qu'ils pourraient émettre.

Quant au caractère qu'on peut lui appliquer, c'est que toute représentation d'une forme, d'une figure quelconque, constitue un dessin, lors même que cette représentation ne consiste que dans la configuration du contour ; ainsi les objets naturels, les produits de l'art, les figures géométriques, et toutes celles que peut créer l'imagination peuvent être le sujet d'un dessin, soit que leur contour soit déterminé à l'aide d'un crayon, soit à l'aide de tout autre procédé, et notamment par les pleins et les vides d'une étoffe, d'une dentelle, etc. etc. (Arrêt de la Cour royale de Nîmes de 1842.— Moniteur des Prud'hommes du 1r. septembre 1843, n°. 20, page 166.)

Les effets du dépôt au Greffe des Prud'hommes, de l'échantillon déposé, est d'un haut intérêt pour le fabricant; car s'il n'établit pas à lui seul, la propriété qui ne peut résulter que de *l'invention* du dessin, il conserve au déposant le bénéfice de l'invention. (Mollot, n°. 511.)

En ce qui concerne les conditions de la contrefaçon. (Voyez infra *Contrefaçon*.)

La compétence des Prud'hommes ne consiste jusqu'à-présent qu'en pouvoir arbitral. (Décret du 11 juin 1809, art. 6. Mollot, n°. 276.)

DOMMAGE causé aux Ouvrages. — Tout fait quelconque de l'homme qui cause à autrui un dommage, oblige celui par la faute duquel il est arrivé à le réparer. Chacun est responsable du dommage qu'il cause, non seulement par son fait, mais encore par sa négligence, ou par son imprudence. (Code civil, art. 1382 et 1383.)

DOMMAGES-INTÉRÊTS.—Toute obligation de faire se résout en dommages-intérêts en cas d'inexécution de la part du débiteur; tel est le principe posé par l'article 1142 du Code civil : il faut que le créancier qui a rempli son engagement, ait un moyen de forcer le débiteur à remplir le sien; mais il ne faut pas perdre de vue qu'il y a une différence essentielle entre l'obligation de donner ou céder la possession d'une chose par les voies légales *et l'obligation de faire*, car dans cette dernière hypothèse le créancier ne peut en cas d'inexécution, employer la force, car personne ne saurait être contraint à agir malgré lui; le respect dû à la liberté de l'homme s'y oppose.

Cela est si vrai que le jugement qui ordonnerait de *faire*, sans prononcer en même temps, une condamnation pécuniaire pour le cas d'inexécution, serait sujet à cassation. (Arrêt de Cassation du 20 juillet 1812, Dalloz, tome 10, page 480. — Moniteur des Prud'hommes, du 15 mai 1842 n°. 12, page 119.)

DOMMAGES-INTÉRÊTS, Contrainte par corps. — Toute condamnation à des dommages-intérêts peut entraîner la contrainte par corps. (Code de Procédure civile, art. 126. — Mollot, n°. 145, page 103.)

DOMMAGES - INTÉRÊTS, comment calculés. — Les dommages-intérêts dus au maître ou fabricant pour inexécution de travail ou convention faite par son ouvrier, ne peuvent être calculés que sur le travail d'une seule année. (Loi du 24 germinal an 11, art. 15, titre 3, sur les manufactures, fabriques et ateliers. — Moniteur des Prud'hommes du 15 septembre 1842, n°. 20, page 184.)

DOMESTIQUES. (Voyez *Ouvriers*.)

DOMICILE, Fabricant. — Par les expressions *négociant, fabricant, chefs d'ateliers et ouvriers*, le législateur n'a entendu parler que des fabriques proprement dites, et non de toute entreprise quelconque occupant des ouvriers. Cette interprétation ressort d'ailleurs du texte même de la loi, où il est sans cesse question de matières premières confiées aux ouvriers et aux teinturiers, de dessins de fabrique, de comptes en matières de métiers, et enfin *d'ouvriers de tous genres* employés dans la fabrique. (Moniteur des Prud'hommes du 1^{r}. septembre 1843, n°. 20, page 168.) Quant au domicile du négociant-fabricant, la loi détermine la juridiction en matière d'engagement de travail, par le lieu de la situation des ateliers. (Loi du 22 germinal an 11, art. 21. — Décret du 11 juin 1809, art. 11.)

DOMICILE, Ouvrier. — En quelque lieu que réside l'ouvrier, la juridiction est déterminée par le lieu de la situation des manufactures ou ateliers, dans lesquels il a pris du travail ; c'est donc celui de la situation de la fabrique, et non celui du domicile de l'ouvrier qui doit connaître de la contestation. (Loi du 22 germinal an 11, art. 21, décret du 11 juin 1809, art. 11. — Moniteur des Prud'hommes du 15 septembre 1842, n°. 20, page 185, note première.

ÉLECTORAT des Prud'hommes. — Les Prud'hommes sont élus dans une assemblée générale d'électeurs tenue à cet effet : cette assemblée est convoquée au moins huit jours à l'avance par le Préfet, présidée par lui ou par celui des fonctionnaires publics de l'arrondissement qu'il a désigné. (Décret du 11 juin 1809, art. 13.)

FORMULE N°. 21.

Procès-Verbal d'Élection d'un Conseil des Prud'hommes.

L'an 1840, le...., du mois de...., heures du ...., Nous, Préfet du Département de ...., (ou sous-préfet du Département de...., ou Maire de la ville de....), délégué par Monsieur le Préfet de ce Département, en l'une des salles de l'Hôtel de ville de...., ou nous nous sommes rendus; avons trouvé réunis en conséquence de la convocation individuelle à eux adressée, le.... dernier.

Messieurs les marchands-fabricants, manufacturiers, chefs d'ateliers, contre-maîtres et ouvriers des cantons de.... (désigner les cantons justiciables dudit Conseil de Prud'hommes,) auxquels nous avons donné lecture. 1°. D'une ordonnance royale en date du ..... portant création d'un Conseil de Prud'hommes en cette ville,

composé de...., (désigner le nombre des membres) ;
2°. *Des dispositions des Décrets des* 11 *juin* 1809 *et* 20 *février* 1810, *relatives à la composition des Conseils de Prud'hommes, à leur renouvellement, mode de nomination et d'installation.*

Avons ensuite désigné conformément à l'article 17 *du décret du* 11 *juin* 1809, *pour scrutateur, messieurs N.... et P..., etc. etc. et pour secrétaire Monsieur H..., ces messieurs ayant pris place au bureau, sous notre Présidence, nous avons rappelé à Messieurs les Électeurs, que l'élection doit être faite au scrutin individuel et à la majorité absolue des suffrages, et que nul ne peut être élu, s'il n'a trente ans accomplis, et six ans d'exercice de son état.*

Un premier scrutin est ouvert pour la nomination d'un Prud'homme, marchand-fabricant, la liste des votans arrêtée par Monsieur N..., (désigner l'autorité) le.... dernier contient (désigner le nombre des Electeurs)

Ils sont successivement appelés, leurs bulletins sont placés à fur et à mesure dans une urne déposée sur le bureau.

Après appel et réappel, le scrutin est dépouillé; le nombre des votans est de.... (désigner le nombre).

Monsieur N..., marchand-fabricant, demeurant à.... ayant réuni (désigner le nombre de voix), est proclamé par nous, membres du Conseil des Prud'hommes.

Un second scrutin est fait de la même manière; le nombre des votans est de...., Monsieur O.... contre-maître de fabrique, etc. demeurant à.... ayant réuni... voix, est proclamé par nous, membre du Conseil des Prud'hommes.

Un troisième tour de scrutin est fait de la même manière, et ainsi de suite, etc. etc.

Les opérations étant terminées, nous avons fait connaître à Messieurs les Membres nommés, que nous recevrons leur serment et les installerons dans leurs fonctions sitôt après l'approbation de l'autorité supérieure. De tout quoi nous avons rédigé le présent procès-verbal en double, dont l'un a été immédiatement adressé à Monsieur le Sous-Préfet de ce Département pour être soumis à Monsieur le ministre de l'intérieur, et l'autre a été déposé aux Archives de la Mairie.

Ainsi fait et clos, les jours, mois et an que dessus, à .... heures du .... (Suivent les Signatures des Membres élus et du bureau. (Voyez *Installation.*)— (Voyez aussi *Pourvoi.*)

EMBAUCHAGE d'ouvriers. — L'embauchage d'ouvriers de fabriques est un délit qui fait encourir à ses auteurs les peines prévues en l'article 417 du Code pénal.

La réparation de ce délit peut aussi se poursuivre par l'action civile portée devant les Prud'hommes. (Loi du 22 germinal an 11, titre 3, art. 11 et 12. —(Voyez aussi *Garantie, Droit de suite.*)

— (Voyez également la formule n. 7.)

EMPLOYÉS, Commis. — Les commis et employés des manufactures et fabriques ne sont soumis à la juridiction des Prud'hommes, qu'autant qu'ils sont expressément compris dans les actes organiques de chaque conseil, et qu'ils participent au travail de la fabrique. (Tribunal de commerce de la Seine du 14 janvier 1846, affaire Léonard contre Léonard. —Moniteur des Prud'hommes du 31 janvier 1846, n. 5, page 20, et les observations qu'il présente.)

EMPRISONNEMENT, Matière civile. — Les Prud'hommes peuvent prononcer la peine d'emprisonnement en matière civile, 1°. pour dommages-intérêts, code de procédure civile, art. 126.

2°. Si les parties ne s'expliquent pas avec modération à l'audience. (Art. 33 et 34 du décret du 11 juin 1809, titre 6.)

EMPRISONNEMENT en matière de police. —Les Prud'hommes ont la faculté de prononcer la peine d'emprisonnement pour tout délit tendant à troubler l'ordre et la discipline de l'atelier. (Décret du 3 août 1810, art. 4.)

ENGAGEMENT de travail. — L'engagement de travail est une convention synallagmatique par laquelle les contractants s'obligent réciproquement les uns envers les autres, art. 1101 du code civil ; elle doit toujours être exécutée de bonne foi, art. 1134 du même code.

ENGAGEMENT de travail, sa Durée. — L'engagement de travail d'un ouvrier ne peut excéder un an, à moins qu'il ne soit contre-maître, conducteur des autres ouvriers, ou qu'il n'ait un traitement et des conditions stipulées par un acte exprès. (Loi du 22 germinal an 11, art. 15, titre 3. — Code civil, art. 1780.)

ENGAGEMENT de travail, — Ecrit. — L'engagement même écrit d'un ouvrier pour plusieurs années, est toujours, à son égard, réductible à un an, et en cas d'inexécution, les dommages-intérêts ne peuvent être calculés que sur le gain et le préjudice d'une seule année de travail. (Moniteur des

Prud'hommes du 15 septembre 1842, n. 20, page 182, note 3e.)

ENGAGEMENT de travail, — Avances. — Lorsqu'un fabricant reçoit dans ses ateliers un ouvrier à tant la journée, et lui fait des avances pour une somme inférieure au travail d'une année, il justifie suffisamment le montant de ces avances par son affirmation sur serment, s'il y a discordance à cet égard entre lui et l'ouvrier. — On ne doit pas considérer de telles avances comme un prêt dont la preuve ne peut avoir lieu que par les moyens ordinaires. (Code civil, art. 1781. — Cour de cassation, affaire Pothier contre Tuste, du 21 mars 1827, Sirey, tome 27, 1re. partie, page 353.)

ENGAGEMENT de Travail, Inexécution. — L'ouvrier débiteur d'avances qui refuse de travailler, encoure une condamnation au remboursement et à des dommages-intérêts dont le second fabricant, qui l'a occupé sans livret, est personnellement et solidairement responsable. (Moniteur des Prud'hommes du 15 septembre 1842, n. 20, pages 183 et 184.)

ENGAGEMENT de travail, Nomination de l'ouvrier à un emploi public. — Un ouvrier qui a contracté un engagement de travail et n'est pas porteur du congé d'acquit, est responsable de dommages-intérêts envers le fabricant créancier qui peut exercer contre lui une action, soit pour poursuivre la réparation du préjudice que lui cause l'inexécution des engagements de son ouvrier, soit pour récupérer ses avances ; cette action ne peut être exercée que contre l'ouvrier débiteur, en vertn des articles 1152, 1144, 1149 du code civil, art. 7 de l'arrêté consulaire du 9 frimaire an 12 et 14 de la loi du 22 germinal an 11.

Mais l'article 12 de la loi du 22 germinal an 11 n'est pas applicable au cas où l'ouvrier est appelé à un emploi public. (Moniteur des Prud'hommes, du 1r septembre 1843, n. 20, page 169.)

ENGAGEMENT de Travail, Compétence des juges-de-paix. — La connaissance des contestations qui s'élèvent entre fabricants et ouvriers, relativement à leurs rapports de travail, appartient à défaut d'un conseil de Prud'hommes, au juge-de-paix, et non au tribunal de commerce. (Loi du 25 mai 1838, art. 5, sur la justice de paix. — Cour royale de Bourges, du 5 janvier 1842.—Moniteur des Prud'hommes, du 15 février 1843, n. 7, page 53.)

ENQUÊTE.— L'enquête est une audition de témoins qui se fait pour vérifier l'existence ou la non existence de faits articulés par les parties dans un procès. — Toutes les fois qu'on admet une partie à faire une preuve par témoins, on autorise en même temps la partie adverse à faire la preuve contraire. (Code de procédure civile, art. 407.— Décret du 11 juin 1811, titre 9, art. 48.)

FORMULE No. 22

D'un Procès-Verbal d'Enquête, dans une affaire sujette à l'appel.

L'an 1840, le... du mois de..., devant le bureau général du conseil des Prud'hommes de la ville de..., arrondissement de..., département du..., audience publique tenant :

Est comparu le sieur N . . . , (*nom , prénoms , profession et demeure , demandeur, lequel a exposé au conseil que , pour se conformer au prescrit du jugement interlocutoire rendu entre les parties , devant ce conseil, en date du . . . , enregistré à . . . , le . . . ; il a , par exploit de l'huissier* O . . . , *attaché au présent conseil, fait citer à comparaître ce jour, lieu et heure.*

Les sieurs B..., D... P... , *etc., lesquels sont ici présents , et requiert qu'ils soient entendus comme témoins d'une part.*

Est aussi comparu le sieur H . . . , *(nom , prénoms , qualité et demeure), défendeur, comparant en personne, lequel a déclaré qu'aux termes du même jugement , et par exploit de l'huissier* N . . . , *en date du . . . , enregistré à . . . , le . . . ; il a également fait citer à comparaître cejourd'hui , lieu et heure , les sieurs* M..., L..., K..., *pour être entendus en qualité de témoins , lesquels sont ici présents , et demande qu'ils soient aussi interrogés.*

Les témoins produits n'ayant point été reprochés par aucune des parties , le greffier leur a donné lecture du jugement qui a ordonné l'enquête ; ensuite le président , après avoir pris de chacun des témoins individuellement leur serment de dire la vérité , et leur déclaration s'ils étaient parents , alliés ou serviteurs des parties et à quel degré , a recueilli dans l'ordre suivant leurs dépositions que chacun d'eux a signé, à l'exception des sieurs D... *et* P..., *qui ont déclaré ne savoir écrire , ni signer de ce interpellé.*

Le sieur B..., *premier témoin , a déposé que . . . , (transcrire sa déposition) lecture à lui faite de sa déposition , a dit qu'elle contient vérité , y a persisté , a requis taxe à lui octroyée, et a déclaré ne savoir écrire, ni signer (ou bien a requis taxe, et a signé après lecture à lui faite de sa déposition.)*

Le sieur D . . . , *deuxième témoin (et ainsi de suite), de laquelle enquête le procès-verbal a été rédigé les jours, mois et an que dessus, signé par Monsieur le Président du conseil et contresigné par le greffier.*

(Suivent les signatures.)

ENQUÊTE, quand peut-on l'ordonner? — La possibilité légale de la preuve testimoniale s'apprécie à raison de la position de celui qui demande à faire cette preuve. Ainsi le marchand-fabricant est commerçant, le louage qu'il passe avec des ouvriers est de sa part un acte de commerce ; mais les ouvriers qui travaillent pour lui dans la fabrique, ne sont pas commerçants et ne font point acte de commerce : si donc la convention déniée est intervenue entre le marchand-fabricant et l'ouvrier, pour un engagement de travail pendant quatre ou six mois et moyennant un prix qui excède 150 francs, la preuve testimoniale sera reçue contre le marchand-fabricant ; elle ne le sera pas contre l'ouvrier. (Art. 631, 632 et 633 du code de commerce. — Art. 1341 du code civil.—Mollot, n. 384 et 385.)

ENQUÊTE, comment elle se fait? — Au jour indiqué, les témoins, après avoir dit leurs noms, professions, âge et demeure, font le serment de dire la vérité, et déclarent s'ils sont parents alliés des parties et à quel degré, et s'ils sont leurs serviteurs ou leurs domestiques. (Code de procédure civile, art. 35.—Décret du 11 juin 1809, art. 49.—Moniteur des Prud'hommes du 15 décembre 1841, n. 2, page 27.)

ENQUÊTE, Témoins défaillants.—L'article 263 du code de procédure civile porte, que les témoins défaillants seront condamnés sur l'ordonnance du juge-commissaire à 10 francs de dommages-intérêts au profit de la partie, et à une amende qui ne peut excéder 100 francs, et de plus à être assignés à leurs frais : l'article 264 ajoute que si les témoins réassignés sont encore défaillants, ils seront condamnés et par corps à une amende de 100 francs, et que le juge-commissaire peut même décerner contre eux un mandat d'amener.

Ces deux articles s'appliquent aux témoins cités pour comparaître devant les Prud'hommes. (Manuel des Prud'hommes, par Léopol, page 104.)

Nota. L'auteur de la compétence des Prud'hommes, M. Mollot, exprime une opinion contraire, n. 388, page 242 ; mais nous ne partageons pas son avis, par la seule raison que s'il était adopté, il en résulterait que le décret du 11 juin 1809, portant réglement général sur les conseils de Prud'hommes, et notamment son article 49, serait annihilé, ainsi que l'article 35 du code de procédure par la seule volonté des témoins appelés, ce qui ne peut pas être, parce que *force doit toujours rester à la loi :* du reste on admet généralement, disent les auteurs de l'encyclopédie des huissiers, et Monsieur Augier, tome 3, page 71, que les articles 263 et suivants sont applicables en justice de paix aux témoins défaillants.

(*Note de l'Auteur.*)

ENQUÊTE, Taxe des témoins. — Il est allouée aux témoins entendus par les conseils des Prud'hommes, une somme équivalente à une journée de travail, si le témoin a été obligé de se faire remplacer dans sa profession. Cette taxation est laissée à la prudence des conseils.

Si le témoin n'a pas de profession, il lui est taxé deux francs.

Il ne lui est point passé de frais de voyage, s'il

est domicilié dans le canton et à une distance de deux myriamètres et demie du lieu où il fera sa déposition ; il lui est allouée autant de fois une somme double de journée de travail, ou une somme de quatre francs, qu'il y aura de fois cinq myriamètres de distance entre son domicile et le lieu où il aura déposé. (Décret du 11 juin 1809, titre 11, art. 61.)

Nota. Lorsque les témoins sont entendus par les Prud'hommes jugeant en matière de police simple, ils sont taxés en vertu des articles 26 et suivants du décret du 18 juin 1811, sur le tarif des frais en matière criminelle.

ENREGISTREMENT, Procédure des Prud'hommes. — La loi du 22 frimaire an 7, sur l'enregistrement, étant antérieure à la législation des Prud'hommes, n'a pu régler les droits d'enregistrement des exploits et procédure devant cette juridiction ; mais comme les conseils de Prud'hommes sont de véritables tribunaux de paix, on a dû appliquer à ces actes l'article 68, n. 46 et 47 de la loi de frimaire.

Une instruction du ministre des finances, en date du 20 juin 1809, n. 437, a donc réglé conformément aux dispositions des numéros de cet article, les droits d'enregistrement à percevoir.

Mais depuis, la loi du 28 avril 1816 a, par un texte spécial, changé cette disposition.

L'article 41, n. 2 de cette loi assujétit *les assignations et tous autres exploits devant les Prud'hommes au droit fixe de* 50 *centimes*, et l'article 43, n. 13, qui établit un droit fixe de 2 francs pour les exploits et autres actes du ministère des huissiers qui ne peuvent donner lieu au droit proportionnel, contient une exception formelle pour *les exploits relatifs aux procédures devant les Prud'hommes jusques et compris les significations des jugements définitifs, les déclarations d'appel ou de recours en cassation.* (Moniteur des Prud'hommes, du premier novembre 1842, n. 23, page 207.)

ENREGISTREMENT gratis. — En matière civile, tous les actes et jugements concernant des contestations ayant pour objet une somme qui n'excède pas vingt-cinq francs, doivent être enregistrés *gratis*.

Il en est de même en matière de police, tous les actes et procès-verbaux doivent être enregistrés en débet, dans les vingt jours de leur date. (Loi du 22 frimaire an 7, titre 11, art. 70, § 1. Lettre du ministre des finances du 11 germinal an 7. — Décision du Ministre des finances du 20 juin 1809.)

EXÉCUTION PROVISOIRE. —Les jugements des Conseils de Prud'hommes jusqu'à concurrence de trois cents francs sont exécutoires par provision, nonobstant appel, aux termes de l'articles 29 du décret du 11 juin 1809, et sans qu'il soit besoin pour la partie qui a obtenu gain de cause, de fournir caution.

Au dessus de trois cents francs, ils sont exécutoires par provision *en fournissant caution*. (Décret du 3 août 1810, art. 3.)

EXPÉDITION DE JUGEMENT. — L'expédition des jugements qui ne sont définitifs, ne peut être délivrée lorsque ces jugements ont été rendus contradictoirement et prononcés en présence des parties.

Dans le cas où le jugement ordonnerait une opération à laquelle les parties devraient assister, il indiquera le lieu, le jour et l'heure ; la prononciation vaudra citation. (Décret du 11 juin 1809, titre 8, art. 45. — Code de Procédure civile , art. 28.)

EXPÉDITION DE JUGEMENT, Intitulé. — Les expéditions des jugements rendus par les Prud'hommes sont intitulées et terminées au nom du roi. (Code de Procédure civile, art. 146 et 545.)

EXPERT. — L'expert est celui que le Conseil des Prud'hommes choisit pour donner son avis sur des questions ou des faits, que le Conseil ne peut apprécier par lui-même, parce qu'ils exigent des connaissances spéciales ou un déplacement plus ou moins prolongé.

Le but et l'objet de sa mission, doit d'abord être énoncé et déterminé avec précision, dans le jugement qui le commet. Il ne lui est pas permis de s'en écarter, et de se livrer à d'autres investigations que celles prescrites, avant de s'acquitter de leurs fonctions, l'expert ou les experts doivent prêter serment devant le Président, de bien et fidèlement remplir leur mission. (Code de Procédure, art. 42, 302 et suivants, 420 et suivants.

EXPLOIT. — (Voyez *Citation.*)

FABRICANT, ce que c'est ? — Le fabricant est celui qui fait fabriquer avec des matières premières à lui appartenant, par des chefs d'ateliers ou des ouvriers travaillant sous ses ordres et pour son compte, des marchandises qu'il met ensuite dans le commerce en gros ou en détail. (Mollot, n. 43).

Nota. Les rapports du fabricant avec les chefs d'ateliers, et la jurisprudence qui les concerne se trouvent résumés d'une manière claire et précise par la jurisprudence du conseil de Prud'hommes de Lyon. (Moniteur des Prud'hommes du 1er novembre 1843, n. 24, page 201).

FABRICANTS, Coalition. — Il y a coalition tombant sous l'application de l'article 419 du Code pénal, lorsque plusieurs fabricants appartenant à une même industrie, mais non associés entre-eux se réunissent à l'exclusion de tous autres pour : 1o. Entreposer leurs Marchandises dans les magasins communs. 2o. Les vendre à un prix commun. 3o. Régler sur une base commune les frais de production, notamment le salaire des ouvriers. (Conférence de l'ordre des avocats à la Cour royale de Paris. — Moniteur des prud'hommes du 1r. septembre 1842, n. 19, page 174.)

FABRICANTS, Salaires, Contrainte par corps.— Les maîtres de fabriques ne sont pas soumis à la contrainte par corps pour le paiement des salaires dus à leurs ouvriers. (Cour de Cassation, arrêt du 28 avril 1830, affaire Witz-Bleck contre Nicolet. —Sirey, tome 31, 1re partie, page 55.)

FABRIQUE, Sens grammatical et légal. — Dans le sens grammatical, *la fabrique* est le lieu où l'on confectionne certains ouvrages, et où l'on y transforme par le travail industriel des matières premières, dessins et marchandises ; dans le sens légal, on doit considérer comme fabrique et manufacture, tous les établissements industriels, désignés dans les lois du 25 mars 1817. (Décret du 15 octobre 1810, sur la nomenclature des manufactures, établissements et ateliers dangereux.— Loi sur les patentes, du 25 avril 1844. — Voir notamment les instructions du Ministre des finances du, 30 mars 1831, n. 71, et celle du 30 septembre même année, n. 124.—Moniteur des prud'hommes, du 15 février 1843, n. 7, page 54.)

FABRIQUES Soumises à la loi sur le travail des Enfants. —Par l'effet des dispositions des articles 1, 3, § 4 et 7 de la loi du 22 mars 1841, les manufactures, usines et ateliers qui emploient des enfants, se trouvent placés dans les catégories suivantes; savoir :

1°. Manufactures, usines et ateliers à moteur mécanique.

2°. Manufactures, usines et ateliers à feu continu.

3°. Fabriques occupant plus de vingt ouvriers, réunis en atelier.

4°. Manufactures, usines et ateliers non compris dans les trois catégories qui précèdent, et auxquels il conviendrait d'étendre les dispositions de la loi.

5°. Manufactures où, par la nature de l'industrie qu'on y exploite, le travail de enfants excéderait leurs forces et compromettrait leur santé, et dans lesquelles il serait nécessaire d'élever le minimum de l'âge ou de réduire la durée du travail des enfants.

6°. Fabrique où, pour cause de danger ou d'insalubrité; les enfans ne doivent pas être employés.

7°. Fabriques où certains genres de travaux dangereux ou nuisibles doivent être interdits aux enfans.

8°. Fabriques à feu continu où le travail des enfants peut être toléré les dimanches et fêtes.

9°. Fabriques à feu continu dont la marche ne peut être suspendue pendant le cours de vingt quatre heures, et où le travail de nuit des enfants au dessous de treize ans est indispensable et doit être toléré. (Circulaire du Ministre de l'Agriculture et du Commerce *sur les inspections du travail des enfants*, en date du 25 mars 1841. — Moniteur des Prud'hommes, *supplément* au n. 23, du 1er novembre 1842, p. 214 et 215.)

FABRIQUE, Travaux publics. — Une entreprise de travaux publics n'a pas le caractère de fabrique ; puisqu'une fabrique est un établissement qui se livre à la fabrication d'une marchandise négociable. (Moniteur des Prud'hommes du 1r. septembre 1843, no. 20, page 168.)

FAILLIS, Exclusion. — Les faillis sont exclus de la composition du Conseil des Prud'hommes. (Loi du 18 mars 1806, art. 3.)

FAILLITE, Engagements d'ouvriers. — Les ouvriers en cas de faillite du fabricant ne sont pas déliés de leurs engagements ; nonobstant le privilège que leur accorde l'article 549 du Code de commerce, ils peuvent exiger que le paiement de leur salaire, durant les opérations de la faillite, soit garanti par une caution solvable, et que faute par les syndics d'y satisfaire, ils ont droit à la remise de leur livret, avec ou sans congé d'acquit. (Moniteur des Prud'hommes du 1r. mars 1842, n°. 7, page 77.)

FAUX (Inscription de). — Lorsque l'une des parties déclare vouloir s'inscrire en faux, le président des prud'hommes en bureau général lui donne acte de sa déclaration et paraphe la pièce arguée de faux. (Décret du 11 juin 1809, art. 37. — Moniteur des prud'hommes du 1r septembre 1842, page 176.)

FILS, Cotons filés. — Les cotons filés propres à la fabrication du tulle se vendent à la mesure de longueur, l'acheteur est restituable contre le vendeur pour vente de cotons défectueux, sous le rapport de la qualité et de la mesure de longueur qui sous entend la condition du poids, même quand ces cotons ont été en partie consommés. (Tribunal de commerce de Calais du 15 mars 1842. — Moniteur des Prud'hommes du 15 juin 1842 n°. 14, pages 133 et 134).

FEUILLE d'Audience. — Les Greffiers des Prud'hommes doivent remplir les obligations imposées aux Greffiers des Juges de Paix, ils sont tenus de rédiger sur une feuille ou sur un registre d'audience en papier timbré, tous les jugements rendus, et de porter, jour par jour sur un répertoire, les actes qui d'après l'article 49 de la loi de frimaire an 7, doivent y être inscrits. (Décision générale du Ministre des finances du 20 juin 1809, n°. 437. art. 3171 et 3172 du Journal. — Code des Prud'hommes, page 233.)

FONCTIONS des Prud'hommes. —Les fonctions des Prud'hommes sont purement gratuites vis-à-vis des parties, ils ne peuvent réclamer pour les formalités remplies pour elles, d'autres frais, que le remboursement du papier timbré.

La loi assimile en ce point les Prud'hommes aux juges de commerce qui ne reçoivent aucun traitement. — Les Prud'hommes, cependant, ont droit à des indemnités de transport, lorsqu'ils agissent en qualité d'officiers de Police auxiliaires du Ministère public; (Mollot, n°. 121, page 89. — Code des Prud'hommes, page 122.— Voyez aussi *Indemnité.*)

FONDÉ DE POUVOIR.—(Voyez *Comparution*).

FRAIS. — L'article 59 et suivants, titre 11 du décret du 11 juin 1809, contient la nomenclature des frais qui doivent être payés par les parties devant les conseils de Prud'hommes, et aux honoraires fixés par ce décret, il faut ajouter le coût du timbre, de l'enregistrement, et de l'inscription au répertoire, dans les cas où ils ont lieu ; ces actes ainsi désignés ne sont pas les seuls qui se fassent devant la juridiction des Prud'hommes, mais les plus fréquents.

Pour les autres, soit qu'ils appartiennent à la juridiction civile, soit qu'ils se rapportent à leurs attributions d'officiers de police auxiliaires du Procureur du roi, du tribunal de Police ou du tribunal jugeant correctionnellement, les contrefaçons de Coutellerie et Quincaillerie, les honoraires des huissiers et des secrétaires-greffiers, (et aussi quand il y a lieu des Prud'hommes eux-mêmes) sont ceux fixés par les tarifs civil et criminel pour les juges, greffiers et huissiers des justices de paix et des tribunaux ordinaires. (Voyez ces tarifs). —(Moniteur des Prud'hommes du 15 décembre 1841, n°. 2, page 28, note troisième.)

FRAIS, Dépenses et frais de bureau. — La loi du 18 juillet 1837, sur l'administration municipale art. 30, n°. 19, classe au nombre des dépenses obligatoires des communes, les frais et dépenses des Conseils de Prud'hommes pour les communes où ils siègent. (Moniteur des Prud'hommes du 15 décembre 1841, n°. 2, page 21, note cinquième.)

FRAUDE, Procédé pour reconnaître le coton, dans les tissus de laine et de soie. — Pour reconnaître les fraudes dont une industrie mal calculée rend quelquefois victimes les consommateurs, il existe un moyen fort simple de connaître la portion de coton mélangée aux tissus de laine et de soie.

Il consiste à faire macérer pendant vingt-quatre heures, un gramme d'étoffe préalablement effilé, dans 52 grammes de chlorite de potasse et de soude, préparés ainsi qu'il suit :

1°. Chlorite de chaux, très secs. . . . 100 grammes.

2°. Sous-carbonate de soude. . . 200 id.

3°. id. de potasse. . . 50 id.

4°. Eau ordinaire, 3 kil. . . . 500 id.

La liqueur doit marquer 55° au chloromètre de Gay-Lussac.

La laine et la soie se dissolvent très-bien dans cette composition ; tout le coton qui s'y trouve mélangé reste dans la liqueur : on le fait sécher sur un papier sans colle, et après l'avoir passé, on établit la proportion.

Le Chlore ayant la propriété de jaunir la laine et la soie, on avait l'habitude d'en pénétrer les étoffes, et les parties blanches étaient indubitablement du coton ou du fil ; mais ce procédé d'un difficile emploi, serait impraticable et tout-à-fait insignifiant aujourd'hui, car on mélange avec un soin extrême le coton qu'on incorpore frauduleusement aux tissus de laine et soie.

Tous les Pharmaciens en suivant cette formule, obtiendront et fourniront une liqueur parfaitement appropriée à cette expérience. (Moniteur des Prud'hommes du 1er. novembre 1843, n°. 24 page 203.)

GARANTIE. — La Garantie est l'obligation d'indemniser quelqu'un, soit d'un procès, soit d'un dommage quelconque ; il y a deux espèces de garantie : la garantie *de droit*, quand elle est établie par la loi , et la garantie *de fait* , quand elle résulte des conventions particulières des parties ; le défendeur a toujours le droit d'appeler en cause son garant , et dans ce cas, on procède devant les Prud'hommes; comme il est dit en l'article 32 du Code de procédure civile. (Voir ledit article.)

GARANTIE , Droit de suite. — (Voyez *Livret.*)

GARDE NATIONALE, Dispense de service. —Les membres des conseils de Prud'hommes ayant le caractère de magistrats de l'ordre judiciaire , sont exempts du service de la Garde nationale , aux termes de l'article 11 de la loi organique de la Garde nationale du 22 mars 1831. (Décision de Monsieur le Garde des Sceaux, adoptée par Monsieur le Ministre du Commerce, dans sa lettre au Préfet de la Marne , du 4 avril 1842. — Moniteur des Prud'hommes du 1r. juillet 1842 , no. 15 , pages 138 , 139 , 140 et 141.)

GENS DE TRAVAIL. — Les personnes que l'on désigne par la dénomination de *gens de travail*, sont celles qui sont principalement occupées aux travaux de la campagne et qui sont les *terrassiers*, les *moissonneurs* , etc. etc. (Voyez *Henrion de Pansey*, de la Compétence des juges de Paix , 7me édition , page 302. — (Voyez aussi *Ouvrier*.)

GREFFIER des Prud'hommes. — Les Greffiers des Prud'hommes sont des fonctionnaires publics, ayant le même caractère que les greffiers des justices de Paix ; leurs attributions sont notamment désignées dans les articles 27, 29, 34 , 37 , 40, 45 , 46, 52, 53, 55, 58, 59, 62 et 63 du décret du 3 août 1810,

11 du décret du 5 septembre 1810 ; art. 10, 11, 12 et 13, de la loi du 18 mars 1806.

Ils sont aussi chargés de recevoir les dépôts des dessins et des marques, et d'en délivrer récépissés et certificats. — (Voyez *Dessins, marques*.)

Ils sont Membres du tribunal des Prud'hommes, et quoiqu'ils soient nommés jusqu'à présent par cette autorité, ils n'en exercent pas moins dans une certaine mesure, une partie de la puissance publique ; ils peuvent, pour les délits commis dans l'exercice de leurs fonctions être poursuivis sans l'autorisation préalable du conseil d'État. (Arrêt de cassation du 26 décembre 1807. — Sirey, tome 7, 2me partie, page 326. — Et Bulletin criminel de la Cour de Cassation, tome 12, page 518.)

Ils sont tenus de rédiger sur une feuille ou sur un registre d'audience, en papier timbré, tous les jugements rendus et de porter, jour par jour, sur un répertoire, les actes qui d'après l'article 49 de la loi du 22 frimaire an 7, doivent y être inscrits.

Ils jouissent de la faveur que l'article 37 de la loi sur l'enregistrement accorde aux Greffiers, des tribunaux, relativement aux droits, et sont admis à fournir les extraits que cet article prescrit de délivrer. (Décision générale du Ministre des Finances relative *aux droits de timbre et d'enregistrement, dont sont passibles les Procès-verbaux, jugements et actes des conseils de Prud'hommes*. — Instruction générale du 5 juillet 1809, art. 3171 et 3172. — Moniteur des Prud'hommes du 15 décembre 1841, n°. 2, page 25, note troisième.)

GREFFIER. — (Voyez *Incomptabilité*.)

HORLOGERS, Registre d'achat et vente.— Les horlogers sont tenus d'inscrire sur un registre, les achats et ventes des boîtes de Montres en or ou argent. (Loi du 19 brumaire an 6, art. 74 et 80.— Moniteur des Prud'hommes du 15 avril 1842, n. 10, page 101.)

HUIS-CLOS. — Les Prud'hommes ont le droit de l'ordonner en matière de Police simple, et même au civile. (Mollot, numéro 417 bis, page 261.)

HUISSIER. — Un huissier est attaché au conseil des Prud'hommes avec mission d'assister aux audiences et d'exécuter les actes qui tiennent à sa juridiction. (Décret du 11 juin 1809, art. 27.— Mollot, numéro 113 page 85.)

Son assistance dans les visites domiciliaires pour prêter main-forte aux Prud'hommes, et au besoin procéder à l'arrestation de l'inculpé est souvent utile. (Moniteur des Prud'hommes du 1r. juin 1843, n. 14, page 118.)

Tarif de ses actes et exploits. (Décret du 11 juin 1809, titre 11, art. 60. — Tarif du 16 février 1807, livre deuxième, art. 27 et suivants.)

Il est garant des nullités de ses exploits. (Code de Procédure, art. 71.)

HUISSIER. —(Voyez *Enregistrement.*)

IMPRESSION, Jugements.— Les Conseils des Prud'hommes ont le droit d'ordonner l'impression et l'affiche de leurs jugements : 1°. en matière de contrefaçon de marques, 2°. Idem, sur les lisières des draps. 3°. Pour manque de respect à l'audience. 4°. Pour dommages-intérêts à la partie lésée par injures et voies de fait. (Décret du 5 août 1810, titre 2 art. 11. — Décret du 11 juin 1809, titre 6 art. 23. — Code de Procédure civile, art. 10 et 1036. — (Voyez *Affiches*.)

Nota. L'affiche de leurs jugements que les conseils de Prud'hommes sont autorisés à ordonner, est une *peine* qui doit être restreinte dans les *limites* fixées par eux ; ainsi, lorsqu'ils ont ordonné l'affiche de leur jugement, à cent exemplaires, il n'est pas permis à la partie qui a obtenu le jugement, d'en faire afficher, même à ses frais, un plus grand nombre. (Cour Royale de Paris, deuxième chambre civile du premier juin 1831. — Sirey, tome 31, deuxième partie, page 205.)

IMPRIMERIE-LITHOGRAPHIQUE.—La loi du 21 octobre, 1814, et l'ordonnance royale du 8 octobre 1817, qui régissent toutes les imprimeries, quelqu'en soit le mode, ont eu en vue toute espèce de moyens créés et à créer sans distinction ; mais d'après la circulaire ministérielle du 16 juin 1830, les presses lithographiques portatives, ou d'une petite dimension peuvent être tolérées dans les établissements commerciaux ou manufacturiers. (Moniteur des Prud'hommes du 15 février 1843, n. 7, page 53).

INCOMPATIBILITÉ.— Il y a incompatibilité entre les fonctions de Prud'hommes et celles d'officiers municipaux, les juges de paix, les membres de Bureau de paix et de conciliation, etc. etc.

Les Greffiers des Prud'hommes et leurs commis salariés, ne peuvent pas plus que les Prud'hommes eux-mêmes cumuler avec leurs fonctions, celles attachées à quelques-unes des places ci-dessus énoncées. (Loi du 24 vendémiaire, an 3, loi sur l'organisation judiciaire du 20 avril 1810, chapitre 8. —Loi sur la Garde nationale du 22 mars 1831, titre 2, art. 11.)

INCOMPTABILITÉ — (Voyez *Récusation*.)

IMCOMPÉTENCE.— Les conseils des Prud'hommes sont incompétents pour connaître des contestations : 1°. Entre Négociants et Marchands en gros ou en détail, *qui ne sont pas en même temps fabricants*. 2°. Entre *Artistes*. 3°. Entre *gens de travail* tels que terrassiers, moissonneurs, faucheur, vendangeurs et autres journaliers *non artisans*. (Henrion de Pansey, page 311. 4°. Sur l'action correctionnelle de la contrefaçon résultant d'un brevet d'invention. 5°. Sur les contestations entre fabricants. (Mollot, numéros 257, 259, 260 et 262.— Henrion de Pansey, page 311. —Loi sur les brevets d'invention du 8 juillet 1844, titre 5, art. 46. — Arrêt de cassation du 18 mars 1846, chambre civile. — Moniteur des Prud'hommes du 23 avril 1846, n. 17 page 67.— Voyez aussi *Compétence*, *juridiction*.)

INDEMNITÉ.— Les Membres des Prud'hommes exerçant à la fois une juridiction de Police et une juridiction civile, ont comme les Prud'hommes pêcheurs, le caractère de véritables juges, et par conséquent, ils ont un droit incontestable à la protection et à la garantie exceptionnelle que la loi accorde à tous les membres de l'ordre judiciaire.

Ils ont aussi le droit dans les cas prévus par les lois qui les régissent, et notamment en vertu des dispositions des articles 49, 50, 51, 52, 59, 60, 62, 83, 84, 87, 88, 90, 464, 488, 497, 511 et 616 du Code d'instruction criminelle, de toucher les indemnités de transport, accordées aux officiers de police judiciaire auxiliaires du Procureur du roi. (Cour royale de Montpellier, chambre criminelle du 17 mars 1846.— Moniteur des Prud'hommes du 18 avril 1846, n. 16, page 62. Code des Prud'hommes, page 122.

INDEMNITÉS à payer. —(Voyez *Marques*.)

INFIDÉLITÉS.— Les Prud'hommes sont compétents pour constater par leurs Procès-verbaux les soustractions de matières et infidélités commises par des ouvriers à l'égard des fabricants. — Le renvoi des Procès-verbaux et des pièces de conviction aux Tribunaux compétents est prononcé par le Bureau général. (Loi du 18 mars 1806, art. 12 et 13. — Moniteur des Prud'hommes du 12 novembre 1841, n. 1, page 12. — Mollot, n. 572, 573, 574, 575 et suivants.)

INFIDÉLITÉS, Procès-verbaux.— Les Procès-verbaux rédigés par les Prud'hommes agissant comme officiers de Police, doivent être enregistrés *gratis* dans les 20 jours de leur date. (Instruction générale du Ministre des finances du 5 juillet 1809, n. 437. —Moniteur des Prud'hommes du 15 novembre 1841, n. 1r., page 13, note première. Voyez aussi *Enregistrement.*)

INJURES. — Les Prud'hommes étant chargés de faire des visites dans les fabriques, aux termes des articles 29, titre 4, des Décrets du 18 mars 1806, et 64, 65 du 11 juin 1809, s'il arrivait qu'ils fussent insultés dans l'exercice de leurs fonctions, ils devraient alors en rédiger Procès-verbal et le remettre au Bureau général pour être transmis au Procureur du roi. (Note de l'auteur. — Voyez aussi la loi du 17 mai 1819, art. 16, sur la diffamation et l'injure publique.)

INSCRIPTION DE FAUX.—(Voyez *Faux*).

INSPECTEURS-GÉNÉRAUX des Manufactures Usines et Ateliers. — Par la loi du 22 mars 1841, relative au travail des enfants employés dans les

Manufactures, Usines ou Ateliers, le Gouvernement établit des inspecteurs pour surveiller et assurer l'exécution de ladite loi ; ils peuvent, ces inspecteurs, se faire représenter les registres qu'elle prescrit, les réglements intérieurs, les livrets des enfants, et les enfants eux-mêmes. (Article 10 de la dite loi du du 22 mars 1841.)

INSPECTEURS-GÉNÉRAUX, Franchise de leurs lettres. — Une Décision du Ministre des finances autorise les inspecteurs du travail des enfants dans les manufactures à correspondre *en franchise, sous bandes croisées*, avec le Préfet du Département et Sous-Préfet de l'arrondissement où sont situés les Établissements soumis à leur surveillance. (Moniteur des Prud'hommes du 1r. juin 1842, n. 13, p. 128.)

INSPECTEURS-GÉNÉRAUX, Fonctions, Procès-verbaux. — Aux termes de la loi du 22 mars 1841, les inspecteurs généraux des Manufactures, Usines et Ateliers peuvent entrer à toute heure et sans réquisition dans les ateliers, se faire rendre compte, et dresser des procès-verbaux contre toutes les contraventions qu'ils reconnaissent dans les établissements visités par eux ; mais ils ne doivent pas perdre de vue, qu'il faut éviter tout ce qui dans leurs démarches seraient de nature à porter ombrage à l'industrie, ou à éveiller les justes susceptibilités des chefs d'établissement : le respect de la propriété est une obligation impérieuse pour tout le monde, il est un devoir sacré pour celui devant qui la loi abaisse toutes barrières et qui peut s'introduire librement dans le domaine du manufacturier. (Circulaire du Ministre de l'agriculture et du commerce du 25 mars 1841. — Moniteur des

Prud'hommes, du 1er. novembre 1842, *supplément*, page 214.)

INSPECTEURS-GÉNÉRAUX, Foi de leurs procès-verbaux. — Les procès-verbaux des inspecteurs des manufactures font foi jusqu'à preuve contraire. (Ibid.)

INSPECTION des Prud'hommes dans les ateliers. — La loi du 18 mars 1806, les décrets du 3 juillet 1806, 11 juin 1809, 20 février et 3 août 1810, en donnant aux Prud'hommes le caractère d'officiers publics, en réglant l'exercice de leur juridiction, les chargent également de constater les contraventions aux lois et règlements en fait d'industrie, et les autorisent à faire des visites et vérifications dans les Manufactures et fabriques, 1°. pour constater le nombre d'ouvriers de tous genres employés dans lesdites manufactures et fabriques; 2°. pour donner leur avis *sur les améliorations dont la fabrication est susceptible, sur ses pertes si elle en éprouve, sur ses moyens de les réparer, et sur tout ce qui peut intéresser l'ordre public et l'industrie.* (Ordonnance royale du 12-25 novembre 1828, sur la marque distinctive à porter par les Prud'hommes dans l'exercice de leurs fonctions. — Mollot, n. 553 et 554, pages 337, 338 et suivantes. — Moniteur des Prud'hommes du 1er. mars 1842, n. 7, p. 75. — Code des Prud'hommes, pages 52 et 200.)

INSPECTION des Prud'hommes, Précaution. — L'inspection dans les ateliers, permise par la loi du 18 mars 1806, ne peut avoir lieu en ce qui concerne les vérifications du nombre d'ouvriers qu'ils doivent faire, qu'après que le propriétaire de l'atelier aura été prévenu *deux jours* avant celui où les Prud'hommes doivent se rendre dans son domicile. (Décret du 11 juin 1809, art. 64. — Mollot, n. 553, 554, 555, 556 et 557.)

INSTALLATION des Prud'hommes. — Après que les procès-verbaux d'élection ont été transmis au Ministre secrétaire d'État de l'Agriculture et du Commerce, les Prud'hommes titulaires et suppléants prêtent serment entre les mains du Préfet du Département ou du fonctionnaire public, par lui délégué. (Décret du 11 juin 1809, art. 20. — Ordonnance royale sur la création des Prud'hommes de Paris du 29 décembre 1844, art. 4.)

INSTRUCTION (Acte d'). — Les actes d'instruction en matière criminelle et de police, sont faits par les Prud'hommes, ou par l'un des membres par lui délégué ; mais si le Procureur du roi se présentait pour exercer son ministère, comme il a le droit de priorité aux termes des articles 51 et 52 du Code d'instruction criminelle, l'instruction des Prud'hommes doit alors cesser. (Code des Prud'hommes, page 94, note 66. — Décret du 18 mars 1806, art. 10, 11, 12 et 13. — Voyez aussi *Ministère public.*)

FORMULE N°. 23

D'un Acte d'Instruction.

L'an 1840, *le ..., du mois de ..., heures du ... pardevant nous N... Président du Conseil des Prud'hommes de la ville de...., arrondissement de... Département du ..., remplissant en cette partie les fonctions d'officiers de Police judiciaire, assisté de M. O..., notre Greffier.*

Est comparu, en vertu de la citation qui lui a été délivré le.., par P... huissier attaché à ce Conseil demeurant à..., en date du... enregistrée en débet à .... le..., le sieur H... (nom, prénoms, profession et demeure,) témoin appelé, lequel nous a représenté ladite citation et après avoir fait le serment de dire la vérité, toute la vérité, enquis de ses nom, prénoms, âge, profession et demeure, et s'il n'est parent, allié, serviteur, ni domestique du sieur L...., prévenu... interpellé de nous déclarer ce qui est à sa connaissance relativement au vol de tissus de coton, qui aurait été commis dans l'atelier du sieur N... a répondu ...., (insérer ici les réponses du témoin, ainsi que les nouvelles interpellations qui lui sont faites,) qui est tout ce que ledit témoin a dit savoir, lecture à lui faite de sa déposition, a dit qu'elle contient vérité, y persister, n'y vouloir rien changer, a requis taxe, et a signé avec nous et notre Greffier les jours, mois et an que dessus (ou si le témoin ne sait signer) et a ledit témoin, déclaré ne savoir écrire ni signer de ce interpellé; en foi de quoi nous avons, ainsi que notre Greffier, signé.

(Signatures.)

(Voyez aussi *Acte d'accusation.*)

INSULTE envers les Prud'hommes. — L'insulte envers les Prud'hommes soit à l'audience, soit lorsqu'ils remplissent des fonctions administratives ou de police judiciaire, est punissable des peines prévues par les lois. (Décret du 11 juin 1809, art. 33, 34 et 35.— Loi du 17 mai 1819, chapitre 5, titre de la diffamation et de l'injure. — Mollot, n. 324 bis et 334. — Code des Prud'hommes, page 268. — Voyez Formule n. 3.)

JOURS D'AUDIENCE. — Dans les villes où le Conseil des Prud'hommes est de cinq ou sept membres, son bureau particulier s'assemble tous les deux jours depuis onze heures du matin jusqu'à deux heures.

Si le conseil est composé de quinze membres, le bureau particulier tient tous les jours séance, le Bureau général se réunit une fois par semaine. (Décret du 11 juin 1809, art. 21 et 23.)

JUGE DE PAIX, Incompétence. — Dans les matières industrielles, et dans les localités où siège un Conseil de Prud'hommes, le juge de paix est incompétent pour connaître des contestations entre fabricants et ouvriers, à raison de leur industrie.

C'est le lieu de la situation de la fabrique qui règle la juridiction.

Le jugement de la Justice de Paix, quoique qualifié en dernier ressort, peut être frappé d'appel, bien que l'objet de la contestation soit inférieure à 100 francs. (Moniteur des Prud'hommes du 1er. juin 1842, n. 13, page 127. — Loi du 25 mai 1838, art. 5 sur la justice de paix.)

JUGEMENT. — Le bureau général des Prud'hommes ne peut prendre de délibération que dans une séance où les deux tiers de ses membres se trouvent présents. Les délibérations sont formées par l'avis de la majorité absolue des membres présents (de la moitié plus un). (Décret du 11 juin 1809, art. 24, titre 4.)

JUGEMENT, — publicité. —Les jugements des prud'hommes, comme ceux des autres tribunaux, doivent être rendus publiquement *à peine de nullité*. (Loi du 20 avril 1810, sur l'ordre judiciaire, art. 7.)

JUGEMENT,— Minute et expédition.—Les minutes de tous jugements sont portées par le greffier sur la feuille de la séance, et sont signées par le président et le greffier; il en est de même des expéditions. (Décret du 11 juin 1809, art. 27 et 40. — Code de procédure civile, art. 138.)

JUGEMENTS, (distinction des).—Les jugements se distinguent : 1° en jugement *par défaut*, quand il est rendu contre la partie appelée ou intervenante au procès, qui ne comparaît pas à l'appel de la cause. (Décret du 7 février 1810, art. 41. — Code de procédure civile, art. 153.)

2°. En *provisoires*. — Les jugements provisoires sont ceux pour lesquels les Prud'hommes voyant que la contestation pourra être longtemps à se décider, et que sa durée peut produire des inconvénients, y obvient, en ordonnant ce qu'exigent d'eux les circonstances. (Procédure démontrée par principes, par Pigeau, tome 1, p. 476.)

3°. En *préparatoires*. — Sont réputés jugements préparatoires, ceux qui ordonnent une enquête, une mise en cause, un rapport d'experts, une comparution de parties, une descente de Prud'hommes, un délibéré, une instruction par écrit. (Code de procédure civile, art. 452.)

4°. En *contradictoires*. — Les jugements sont contradictoires, quand ils n'ont été rendus qu'après que toutes les parties ont été entendues : le seul fait d'une partie qui en comparaissant, se borne à proposer des moyens préjudiciels et à refuser de défendre, au fond, ne peut être, quand au fond, réputé jugement contradictoire. (Arrêt de cassation, du 7 décembre 1822, — Sirey, tome 23, première partie, p. 5.)

5°. En *définitifs*.— Le jugement définitif est celui qui termine la contestation, soit en adoptant les prétentions des parties, soit en les modifiant, ou en les rejetant. (Pigeau, tome 1, p. 484.)

JUGEMENT, — contrainte par corps, — hypothèques. — Les jugements rendus par les Prud'hommes confèrent hypothèque judiciaire sur les biens du débiteur, lorsqu'elle est requise, nonobstant l'appel interjeté; les Prud'hommes ont également le pouvoir de prononcer la contrainte par corps dans le cas où elle est consacrée par la loi générale, qui ne cesse d'être applicable que dans les points sur lesquels la loi spéciale y a dérogé. (*Moniteur des Prud'hommes*, du 15 août 1842, n. 18, p. 166. — Mollot, n. 342, p. 218.)

JUGEMENT DE POLICE —tribunal, appel.— L'appel des jugements de police rendus par les Prud'hommes doit être déféré aux tribunaux correctionnels de l'arrondissement, comme tous ceux des juges de simple police; le délai pour l'interjeter est de dix jours. (Code d'instruction criminelle, art. 174.—*Moniteur des Prud'hommes*, du 1er. déc. 1842, n. 2, p. 14.)

JUGEMENT. — (Voyez *Péremption*.)

JUGEMENT,—dernier ressort.— Les jugements des Prud'hommes en matière civile, sont définitifs et sans appel, si la condamnation n'excède pas *cent francs*. (Décret du 3 août 1810, art. 2.) — *En matière de police*, les jugements qui ne prononcent pas d'amendes, restitutions et autres réparations civiles excédant cinq francs, et qui ne prononcent pas non plus la peine d'emprisonnement, sont rendus en dernier ressort. (Code d'instruction criminelle, art. 172. — *Moniteur des Prud'hommes*, du 15 juin 1843, n. 15, p. 126.)

JURIDICTION des **PRUD'HOMMES.**—La juridiction des Prud'hommes se règle par la situation de la fabrique, aux termes des lois du 22 germinal an 11, art. 21. — Du décret du 11 juin 1809, art. 11. (*Moniteur des Prud'hommes*, du 1r. juin 1842, n. 13.)

— *Son étendue* est spécifiée dans les décrets et ordonnance de sa création. (*Moniteur des Prud'hommes*, ibid., p. 92 et 93.)

JURIDICTION. — (Voyez *compétence.*)

JURIDICTION EN MATIÈRE DE POLICE.—Le législateur a conféré un droit de police aux Prud'hommes, non seulement pour la bonne tenue de leurs séances, mais encore pour réprimer le trouble de l'atelier et le manquement grave des apprentis envers leurs maîtres, de prévenir et constater les coalitions, comme de constater également les contraventions aux lois et règlements. (Mollot, n. 397 et suiv.)

— La juridiction de police des Prud'hommes s'applique au marchand-fabricant comme à l'ouvrier; la loi ne fait pas de distinction entre eux. (Décret du 3 août 1810. — Mollot, n. 390.)

JUSTICIABLES DES CONSEILS DE PRUD'HOMMES.—Sont justiciables des Prud'hommes, les fabricants, chefs d'atelier, commis, contremaîtres, ouvriers, compagnons et apprentis des deux

sexes, pour les différends relatifs à leurs rapports de travail. (Moniteur des Prud'hommes, du 15 mai 1842, n. 12, p. 113. — Mollot, n. 253 et suiv.)

JUGE DE PAIX.—Dans les localités soumises à la juridiction d'un conseil de Prud'hommes, le juge de paix est incompétent pour connaître en matière industrielle. (Moniteur des Prud'hommes, du 1r. juin 1842, n. 13, p. 1. 126.) — Le juge de paix connaît des contraventions à la loi du travail des enfants. (Loi du 22 mars 1841, relative au travail des enfants employés dans les manufactures, usines et ateliers, art. 12.)

LÉGALISATION, —maire. — Les maires étant chefs et administrateurs de leur commune, sont tenus de délivrer à ceux de leurs administrés qui les réclament, les légalisations des signatures apposées sur un acte sous-seing privé; en cas de refus, l'impétrant peut se pourvoir administrativement devant le préfet pour que ce fonctionnaire fasse ce que le maire aurait dû faire. (Loi du 18 juillet 1837, art. 15. — Moniteur des Prud'hommes. — Supplément du 1r. septembre 1843, n. 20, p. 169.)

LETTRE DU GREFFIER des Prud'hommes— Les parties justiciables des conseils de Prud'hommes sont tenues de comparaître à l'audience sur une simple lettre du greffier des Prud'hommes, aux termes de l'art. 29 du décret du 11 juin 1809.)

LIEU, — établissement de Prud'hommes.— On peut établir un conseil de Prud'hommes dans une place qui n'est pas ville, pourvu qu'elle ait des fabriques dont le nombre et l'importance en ressentent la nécessité. (Mollot, n. 37.)

LISIÈRES DE DRAPS. — Les Prud'hommes connaissent comme arbitres des intérêts civils qui naissent par suite de contrefaçons de lisières de draps. (Décret du 22 décembre 1812. — Mollot, n. 495 et suiv.)

LISTE des **ELECTEURS** et **ELIGIBLES.** — Pour la première année seulement de la création du conseil des Prud'hommes, le maire dresse la liste des votants qui sont seuls admis à l'assemblée. (Décret du 11 juin 1809, art. 15.)

— Pour les années suivantes, la liste est dressée par le préfet; en cas de difficulté celui-ci statue, puis le conseil d'état. — (Mollot, n. 76 et 77.)

LIVRE D'ACQUIT. — Le livre d'acquit est un registre de compte ouvert entre les fabricants et les chefs d'atelier; il doit contenir toutes les opérations, fournitures, compte en matière, conventions, prix de façon, avances, retenues, etc., etc. Il est fait double, pour l'un rester entre les mains du fabricant, et l'autre entre les mains de l'ouvrier; ce registre doit être numéroté et inscrit au secrétariat des Prud'hommes; il est soumis à la formalité du timbre, en vertu de la décision du ministre des finances du 20 juin 1809, sur les droits de timbre et d'enregistrement; son utilité est de fixer d'une manière précise les rapports de comptabilité entre les chefs d'ateliers et les négociants-fabricants qui les occupent. D'une part ceux-ci se trouvent assurés dans le remboursement de leurs avances; d'autre part, l'ouvrier trouve aussi la certitude qu'il ne peut être privé, dans aucun cas, des ressources de son travail. (Rapport de M. *Camille Pernon*, membre du conseil d'état, à la séance du 18 mars 1806, lors de la discussion du projet de loi sur l'établissement du conseil des Prud'hommes de la ville de Lyon.)

— Les registres et imprimés que nous signalons se trouvent à l'administration du Moniteur des conseils des Prud'hommes. (Moniteur des Prud'hommes, du 15 novembre 1841, n. 1, p. 13.)

LIVRETS D'OUVRIERS.—Au moment où nous transcrivons cet article, nous apprenons que le gouvernement vient de saisir les chambres de plusieurs projets de lois sur les *marques des fabriques*, sur les *livrets d'ouvriers*, sur les *dessins et modèles* de fabriques, etc., etc.; en attendant que ces lois les plus vitales pour les usines et fabriques fussent promulguées, nous allons énumérer ici les décisions importantes qui ont été rendues par la cour souveraine, et qui sont relatives *aux livrets d'ouvriers*.

Nous signalerons plus tard, soit à la fin de cet ouvrage, soit dans un appendice, les changements qui pourront survenir dans la législation des Prud'hommes. (Note de l'auteur.)

— Le fait d'avoir employé des ouvriers sans demander l'exhibition de leurs *livrets*, pour s'assurer s'ils ont satisfait aux engagements qu'ils pouvaient avoir envers leur précédent maître, peut donner lieu à une condamnation en dommages-intérêts au profit de celui-ci, encore que les ouvriers soient reçus pour être occupés à des fonctions différentes de celles qu'ils exerçaient d'abord, et même à des *travaux de terre*, par exemple au creusement d'un canal. (Cour de cassation, arrêt du 19 juin 1828, Sirey, tome 28, première partie, p. 351.)

— L'action en dommages-intérêts, intentée par un fabricant, contre un autre fabricant, pour avoir reçu un ouvrier *sans livret,* contrairement à l'article 12 de la loi du 22 germinal an 11, sort de la compétence des Prud'hommes et des tribunaux de paix. (Cour de cassation, arrêt du 19 juin 1828 précité. — Voyez aussi *le juge de paix*, par Victor Augier, tome 12, p. 285.)

— La défense pour ceux qui emploient des ouvriers, de recevoir chez eux un ouvrier qui ne serait pas porteur *d'un livret*, s'applique même au cas où cet ouvrier est domicilié dans le lieu où il s'agit de le faire travailler : toutefois la contravention à une telle défense n'est passible d'aucune peine ; elle ne peut donner lieu qu'à des dommages-intérêts envers les personnes qu'elle aurait lésées, par exemple envers le maître de chez qui sort l'ouvrier.

En conséquence, le ministère public n'a point action pour poursuivre le contrevenant. (Cour de cassation du 9 juillet 1829. — Sirey, tome 29, première partie, p. 310.)

— L'usage d'un *faux livret,* pour persuader l'existence d'une fausse entreprise et arriver à s'emparer d'une partie de la fortune d'autrui, ne constitue qu'un simple délit d'escroquerie, et non le crime de faux, s'il n'est pas constant que l'accusé a fait usage du livret sachant qu'il était faux. (Cour de cassation, du 16 septembre 1830. — Sirey, tome 31, première partie, p. 72.)

LIVRET des **ENFANTS.** —Les maires sont tenus de délivrer au père, à la mère, ou au tuteur, un livret sur lequel sont portés l'âge, le nom, les prénoms, le lieu de naissance et le domicile de l'enfant, pour être employé dans les manufactures, usines ou ateliers, et d'y indiquer le temps pendant lequel il a suivi l'enseignement primaire. — Les chefs d'établissement inscrivent sur le livret de chaque enfant, la date de son entrée dans l'établissement et de sa sortie. (Loi sur le travail des enfants dans les manufactures, usines et ateliers, du 22 mars 1841, art. 6.)

LOCAL. — Le local nécessaire à la tenue des séances des conseils de Prud'hommes, est fourni par les villes où ils sont établis. (Décret du 11 juin 1809, titre 12, section 2, art. 68.)

LOUAGE d'ouvrage et d'industrie. — C'est dans le respect scrupuleux des contrats et conventions du louage d'ouvrage et d'industrie, que repose la condition la plus essentielle de la stabilité du bien-être des classes ouvrières ; ce contrat forme la base essentielle des rapports légaux entre les hommes de travail ; c'est dans ses conditions que résident non seulement la sécurité et le bien-être des classes ouvrières, mais encore la concorde entre les maîtres et les ouvriers, la paix publique, et peut-être l'ordre social ! Ce contrat, qui n'est réglé que par quelques articles du code civil, et la loi du 22 germinal an 11, va incessamment éprouver une notable amélioration par les soins du gouvernement, qui se propose, dit-on, de faire étudier un projet de loi spécial sur cette matière importante : nous nous empresserons de signaler ce nouveau bienfait, sitôt que la loi nouvelle sera sanctionnée. En attendant, nous signalons à l'attention des Prud'hommes, un opuscule intéressant qui vient de paraître, par M. Mollot, chevalier de l'ordre royal de la légion d'honneur et avocat à la cour royale de Paris, traitant les règles dudit *contrat de louage d'ouvrage et d'industrie.* Cet ouvrage peut leur donner une règle de conduite certaine sur les immenses difficultés que ce contrat soulève journellement (1).

— *Conditions générales de ce contrat.* — Les conditions générales et essentielles du contrat de louage d'ouvrage et d'industrie, sont au nombre de cinq :

1°. Le consentement ;

2°. Le prix ;

3°. L'ouvrage à faire ;

4°. La durée de l'engagement ;

5°. Le congé de travail.

— *Application du principe de droit qui les dirige.* — La première condition est réglée par les dispositions de l'article 1109 du code civil. La deuxième, par l'article 1700 du même code. La troisième, par les articles 1142 et 1172. La quatrième, par l'article 1780 et suiv. La cinquième, par l'article 11 de la loi du 22 germinal an 11, relative aux manufactures, fabriques et ateliers. (Voyez l'ouvrage ci-dessus indiqué par M. Mollot, du contrat de louage d'ouvrage, titre 4, n. 59, p, 41.)

— Deux espèces de louage d'ouvrage et d'industrie s'appliquent à tous les ouvriers en général, et par conséquent à *ceux des fabriques* : c'est le louage des *gens de travail*, qui s'engagent au service de quelqu'un ; et celui des *entrepreneurs d'ouvrages*, par suite de devis et marchés. (Mollot, n. 152. — Voyez aussi *gens de travail.*)

(1) Cet ouvrage se vend à Paris, chez Napoléon Chaix et compag., éditeurs, rue Neuve-des-Bons-Enfants, n. 7, et chez Videcocq et fils, place du Pantheon, n. 1.

— Le louage d'ouvrage n'est pas interrompu par la faillite du fabricant, les ouvriers ne sont pas déliés de leurs engagements; mais nonobstant le privilège que leur accorde l'article 549 du code de commerce, ils peuvent exiger que le paiement de leur salaire durant les opérations de la faillite, soit garantie par une caution solvable, et que faute par les syndics d'y satisfaire, ils sont admis à demander la remise de leur livret avec ou sans congé d'acquit. (Moniteur des Prud'hommes, du 1r mars 1842, n. 7, p. 77.)

— (Voyez aussi *Livret.*)

MAIRES, leur juridiction en matière industrielle. — La juridiction que le titre 5, art. 19 de la loi du 22 germinal an 11, accordait aux maires en matière industrielle, a été tacitement abrogée par le code pénal, le code d'instruction criminelle, le décret du 11 juin 1809, la loi du 25 mai 1838 sur la justice de paix, ainsi jugé par la première chambre civile du tribunal de la Seine, le 24 janvier 1845. — Le *Droit,* Bulletin des Tribunaux, du 25 janvier 1845, n. 21, p. 83.)

MAIRES. — (Voyez *Légalisation.*)

MAIRES, Livrets. — En vertu du nouveau projet de loi sur les livrets d'ouvriers, en ce moment soumis à la chambre des députés, il est plus que probable que des ordonnances royales portant réglement d'administration publique, détermineront la forme des livrets et les règles à suivre pour leur délivrance, leur tenue et leur renouvellement. Nous nous ferons un devoir, sitôt qu'elles seront rendues, de les faire connaître dans l'appendice de cet ouvrage.

(Note de l'auteur.)

MAITRES. — Quelquefois la loi désigne le marchand-fabricant, sous la dénomination de *maître;* cette qualification n'implique vis-à-vis de l'ouvrier, aucune idée de supériorité personnelle; elle sert seulement à poser la ligne de distinction qui existe entre leurs destinations respectives. Dans le nouveau projet de loi sur les livrets, cette qualification de *maîtres* a été changée en celle de *chef d'établissement*.

(Note de l'auteur.)

MAL FAÇONS, en quoi elles consistent? — L'ouvrier doit apporter dans son travail, d'abord les connaissances et l'expérience de la profession qu'il exerce, ensuite les soins qu'un homme intelligent et attentif y donnerait, toutes les fois qu'il a négligé de se conformer dans le travail aux prescriptions connues de l'industrie qu'il pratique, il y a *mal façon*, pouvant donner lieu à la responsabilité prévue par l'article 1382 du code civil (Note de l'auteur.)

MAL FAÇON, non responsabilité. — Il n'y a pas lieu à responsabilité quand la mal façon reprochée est la conséquence nécessaire du genre d'ouvrage commandé, et que l'ouvrier prouve qu'il n'a pu empêcher le fait qui donne lieu à cette responsabilité. (Moniteur des Prud'hommes, du 15 juin 1843, n. 15, p. 124. — Code civil, artile 1384.)

MAL FAÇON. — (Voyez *Ouvriers*.)

MANQUEMENT grave des apprentis envers leur maître. (Voyez *Apprentis*.)

MARQUES de fabrique. — Les marques sont un signe *emblématique* quelconque qu'adoptent les fabricants, selon leur convenance, pour les appliquer soit sur la marchandise qu'ils fabriquent, soit sur l'enveloppe qui renferme cette marchandise; les modèles de marques de fabrique sont déposés au greffe des Prud'hommes et aux greffes des tribunaux de commerce; le dépôt de la marque doit avoir lieu soit qu'elle s'applique sur la marchandise fabriquée, soit qu'elle s'applique sur l'enveloppe destinée à renfermer cette marchandise. Dans l'un et l'autre cas elle conserve également le droit du fabricant. (Mollot, n. 435 et suiv.)

Nota. Un nouveau projet de loi sur les marques de fabrique vient d'être présenté à la chambre des Députés; l'observation par nous faite au mot *Livrets d'Ouvriers*, est également applicable en ce qui concerne les marques de fabrique.

(Note de l'auteur.)

FORMULE N°. 24

D'un Procès-Verbal d'un acte de dépôt au greffe des Prud'hommes d'une marque de fabricant.

L'an 1840, le ... du mois de..., s'est présenté au Greffe du Conseil des Prud'hommes de cette ville de... arrondissement de... Département du... le sieur N..., (*Nom, prénoms, profession et demeure*) *lequel nous a exhibé une marque en..., consistant en... qu'il a déclaré être la sienne dont il se sert pour en frapper ou empreindre les ouvrages de sa fabrication; et nous a requis, conformément aux articles 7, 8, et 9 du décret du 11 juin 1809, de recevoir le dépôt ou l'empreinte sur les tables communes de ladite marque, et d'en faire l'enregistrement sur le registre à ce destiné.*

Ce que nous lui avons octroyé et lui avons délivré le présent Procès-verbal pour lui servir et valoir ce que de droit. (Signature du Greffier.)

AUTRE FORMULE

D'un Dépôt d'un Dessin au greffe des Prud'hommes.

L'an 1840, *le ... du mois de..., s'est présenté au Greffe des Prud'hommes de la ville de ..., arrondissement du ... Département du ..., le sieur N... lequel nous a exhibé a nous Greffier dudit Conseil, un paquet sous envoloppe, revêtu de son cachet et de sa signature, qu'il nous a déclaré contenir un échantillon de Dessin de son invention, dont il entend se réserver la propriété exclusive pendant (désigner le temps), ou à perpétuité, et nous a requis, conformément aux dispositions des articles* 15, 16, 17 *et* 18 *du décret du* 18 *mars* 1806, *de recevoir le dépôt dudit dessin, et d'en faire l'enregistrement sur le registre à ce destiné.*

Ce que nous lui avons octroyé, et, après avoir apposé sur ledit paquet le sceau du Conseil, et le numéro ..., qui est celui de son enregistrement, nous avons délivré le présent audit sieur N..., pour lui servir et valoir ce que de droit.

(Signature du Greffier.)

MARQUES. (Contrefaçons de). — Il est défendu de contrefaire les marques, que par un arrêté du 23 nivôse an 9, les fabricants de quincaillerie et de coutellerie, sont autorisés à mettre sur leurs ouvrages: tout contrevenant à cette disposition est punissable, pour la première fois, d'une amende de trois cents francs, dont le montant est versé dans la caisse des hospices de la commune : en cas de récidive, cette amende est double et peut donner lieu à un emprisonnement de six mois. (Mollot, de la justice industrielle, page 151. — Décret du 11 juin 1809, art. 4. — Décret du 5 septembre 1810. — Voyez aussi *Contrefaçon, usurpation sur étiquette du nom d'un fabricant.*)

MESURES CONSERVATOIRES. — Dans les cas urgents les Conseils de Prud'hommes, de même que les bureaux particuliers, ont le droit d'ordonner telles mesures qui sont jugées nécessaires, pour empêcher que des objets, qui donnent lieu à une réclamation soient enlevés, déplacés ou détériorés.

Ainsi, le bureau particulier a le droit d'ordonner que ces objets (tels que des métiers réclamés par un fabricant,) soient apportés au greffe des Prud'hommes ou mis sous les scellés, ou déposés dans les mains d'un tiers. (Mollot, n. 323, 341 et 377. — Décret du 11 juin 1809, titre 4, art. 28.)

MÉTIERS. — Les métiers et les outils, servant au travail des ouvriers ne peuvent être saisis, même pour contributions arriérées et frais faits à ce sujet, excepté pour sommes dues à celui qui a prêté pour les acheter, fabriquer ou réparer. (Loi du 2 octobre 1791, art. 16. — Arrêté du Gouvernement du 4 août 1800, art. 52. — Code de procédure civile, art. 592 et 593. — Voyez *Saisie de Métiers.*)

MINISTÈRE PUBLIC, devant les Conseils de Prud'hommes. — La justice industrielle des Prud'hommes, qui prend sa source dans des lois spéciales à leurs attributions, en leur conférant le pouvoir de juger aussi en simple police, comme de constater les contraventions aux lois et règlements, n'a point tracé de formes pour l'instruction en pareille matière, pour l'exercice de l'action publique, *quid indè ?* Les hommes honorables qui ont écrit sur l'institution et la compétence des Conseils de Prud'hommes, tout en reconnaissant le vice que nous signalons, n'en démontrent pas le remède : nous espérons prouver en peu de mots, que les Prud'hommes ont la faculté d'attribuer à l'un des Membres du Conseil le droit de remplir les fonctions du Ministère public, en concurrence avec les officiers de Police.

En effet, et comme nous l'avons déjà exposé dans la préface de notre ouvrage intitulé *Code des Prud'hommes*, si les lois institutives des Prud'hommes leur ont donné l'attribution de connaître et prononcer en matière de police, ne faut-il pas admettre que la partie publique qui est le représentant de la société, et qui est une partie intégrante des tribunaux de police, y soit également représentée *à peine de nullité*, aux termes des Arrêts de la Cour de Cassation, en dates des 24 décembre 1813, 3 mars 1814 et 15 octobre 1818, et aux termes de l'article 84 du Code de Procédure civile ?

Est-ce que cet article 84 dudit code de Procédure, n'admet pas en principe, qu'en cas d'absence, ou empêchement du Ministère public, il est remplacé par l'un des Juges ou suppléants ; est-ce que l'exercice de ce droit, ne ressort pas évidemment de caractère de juges qui est inhérent aux Prud'hommes ?

Quant au droit en lui-même, n'est-il pas consacré par la loi générale qui ne cesse d'être applicable, que dans les points sur lesquels la loi spéciale a dérogée ; or les lois relatives aux Prud'hommes se bornant à régler les matières de leur compétence, ne contiennent point cette dérogation : telle est aussi l'opinion émise par M. Mollot, voir le n°. 342 de son ouvrage sur la compétence des Conseils de

Prud'hommes, touchant la contrainte par corps; dès lors donc que l'intervention du Ministère public est requise par la loi *à peine de nullité*, il faut reconnaître que les Prud'hommes ont le droit de déléguer l'un des membres du Conseil pour remplir en matière de Police, les fonctions du Ministère public; qu'à défaut, de se conformer à cette formalité, leur jugement est radicalement nul.

Le Conseil des Prud'hommes de Lyon, qui a mis en application dans son audience du 17 mars 1843. (Voir le Moniteur des Prud'hommes du 15 juin 1843, n°. 15, page 125.)

Le principe que nous établissons, a donc fait une juste application des motifs généraux qui règlent la matière. (Note de l'auteur.)

MINORITÉ de l'Ouvrier. — Le mineur artisan, porteur d'un Livret régulier, doit être considéré comme émancipé pour les faits relatifs à sa profession. Argument des art. 481 et 482 du Code civil. (Moniteur des Prud'hommes du 1r. mars 1842, n. 7, page 77. — Idem du 1r. novembre 1842, n. 23, page 207.)

NANTISSEMENT. — (Voyez *Privilège.*)

OCTROI. — Les charbons consommés dans les Établissements industriels pour la préparation des produits destinés au commerce général, sont exempts du paiement des droits d'octroi.

On ne peut les comprendre dans la disposition de la loi de 1816, qui ne soumet à ces droits que les objets destinés à la consommation locale. (Cour de Cassation, arrêt du 27 novembre 1844.)

OFFRES RÉELLES (Validité d'). — L'ouvrier peut-il se dispenser de confectionner l'ouvrage par lui accepté, en offrant devant les Prud'hommes d'indemniser le fabricant ?

Si l'on consulte le principe général des contrats synallagmatiques posé en l'article 1184 du Code civil, l'affirmative n'est pas douteuse ; cependant, ce principe de droit tout légal qu'il est, peut porter un préjudice incalculable à l'état industriel ; s'il plaisait aux ouvriers moyennant une légère indemnité d'arrêter à leur gré la confection de leurs travaux : aussi les Prud'hommes, doivent-ils porter toute leur attention dans le cas où plusieurs ouvriers, travaillant pour le même chef d'établissement, viendraient à suivre spontanément cette marche, de prévenir un tel fait que la loi punit comme un délit, art. 415 du Code pénal.

Observons encore que dans l'intérêt général de la société, la liberté individuelle est quelquefois sacrifiée, comme par exemple en matière de commerce pour dettes commerciales, en matière civile, pour stellionat, pour dépôt nécessaire, en cas de réintégrande pour le délaissement ordonné par justice pour dommages-intérêts, etc. etc.

Il serait désirable que le législateur qui va s'occuper de la loi sur les livrets d'ouvriers, étendit en certains cas ce principe exceptionnel et tutélaire à la justice industrielle des Prud'hommes. (Note de l'auteur.)

OPPOSITION au jugement par défaut. — La partie condamnée par défaut, a trois jours pour former opposition à dater de la signification du jugement qui lui est faite par l'huissier ; dans ce délai de trois jours, n'est pas compris le jour de la signification. Aussi l'opposition à un jugement par défaut, signifié le premier décembre, serait recevable le quatre, mais non le cinq.

L'opposition suspend toujours l'exécution. (Décret du 11 juin 1809, titre 7 art. 41. — Moniteur des Prud'hommes du 15 décembre 1841, n. 2, page 26.)

FORMULE N°. 25

De l'Opposition à un jugement par défaut.

L'an 1840, le ... du mois de ... à la requête du sieur N... (nom, prénoms, qualité et demeure) j'ai ... (immatricule de l'huissier,) soussigné, signifié et déclaré au sieur H..., (nom, prénoms, qualité et demeure), en son domicile en parlant à ... que le requérant est opposant, comme de fait; par ces présentes, il s'oppose à l'exécution du jugement par défaut surpris contre lui au bureau général du Conseil des Prud'hommes de la ville de... en date du..., enregistré à ... le....

Les moyens que le requérant fait et fera valoir à l'audience à l'appui de la présente opposition, sont fondés sur ... (déduire ici les moyens d'opposition); en conséquence, et pour être fait droit sur ladite opposition, j'ai, huissier susdit et soussigné, au même instant à la même requête, domicile et parlant comme dessus, donné assignation audit sieur H... à comparaître le ... heure de... devant Messieurs les Président et membres composant le bureau général du Conseil des Prud'hommes de la ville de ..., dans le local ordinaire de leurs séances, pour voir dire que les parties seront remises au même et semblable état où elles étaient avant ledit jugement; et au principal, que ledit sieur H... sera débouté de sa demande formée contre le requérant, et de plus condamné en tous frais et dépens ; et pour que ledit sieur H.... n'en ignore, je lui ai, en son domicile et parlant comme dessus, laissé et délivré la copie du présent exploit dont acte, le coût est de....

(Signature de l'huissier.)

OPPOSITION au jugement par défaut.— Voyez *Péremption.*)

ORGANISATION des Prud'hommes. — (Voyez *Prud'hommes.*)

OUVRIERS non patentés. — La loi considère comme ouvriers non sujets à la patente, les personnes travaillant à gages, à façon et à la journée, dans les maisons, ateliers et boutiques des personnes de leur profession, ainsi que les ouvriers travaillant chez eux ou chez les particuliers, sans compagnons ou apprentis, la femme travaillant avec son mari, ni les enfants non mariés travaillant avec leurs père et mère, ni le simple manœuvre dont le concours est indispensable à l'exercice de la profession. (Loi sur les patentes du 25 avril 1841, art. 13, n. 6.)

OUVRIERS. — Sous cette désignation, l'on doit comprendre les deux sexes et les contre-maîtres. (Moniteur des Prud'hommes du 1er. janvier 1843, n. 4, page 30.)

OUVRIERS. —(Voyez *Embauchage.*)

OUVRIER, Blessures. — L'ouvrier blessé par le fait, la négligence, ou l'imprudence d'un autre ouvrier occupé aux mêmes travaux, à une action en indemnité non-seulement contre l'auteur de la blessure, mais encore contre le maître ou commettant. (Arrêt de cassation du 28 juin 1841. — Moniteur des Prud'hommes du 1r. juin 1843, n. 14, page 117.)

OUVRIERS, Garantie contre les Entrepreneurs. — Les ouvriers ont action contre l'entrepreneur en sa qualité de mandant, sauf son recours contre le marchandeur son préposé, en qui il doit s'imputer d'avoir placé sa confiance. (Conseil des Prud'hommes de Rouen, du 24 juin et 15 juillet 1843. — Moniteur des Prud'hommes du 15 août 1843, n. 19, page 159.)

OUVRIER A FAÇON, Responsabilité.—Toutes les fois qu'un ouvrier, dans une entreprise de travail, fournit à la fois son industrie et la matière, il y a vente proprement dite et la chose par conséquent demeure à ses risques jusqu'au moment de la livraison, ou de la mise en demeure. Mais lorsque l'ouvrier ne fournit que son travail, le contrat étant évidemment un louage d'ouvrage, le marchand-fabricant reste propriétaire des matières premières qu'il lui a confiées pour les mettre en œuvre; par conséquent si elles viennent à périr *par cas fortuit* elles périssent pour lui. (Code civil, art. 1787 et 1789. — Moniteur des Prud'hommes du 1r. février 1843, n. 6, page 45.)

OUVRIERS, (Responsabilité des). — Pour l'application de la responsabilité en cas de mal façon on doit distinguer entre les ouvriers aux pièces ou à l'entreprise, et les ouvriers à la journée. Les premiers sont tenus d'une manière plus étroite, puisque leur engagement a trait à une chose déterminée, et qu'il est conclu plus spécialement sous la condition tacite de sa bonne confection. (Moniteur des Prud'hommes, du 25 avril 1846, n. 17, page 68.)

OUVRIERS.— (Voyez *Engagements de travail.*)

OUVRIERS.—(Voyez *Livrets.*)

OUVRIERS.— (Voyez *Retenue sur salaires.*)

PARTIES— Les parties doivent être entendues contradictoirement devant les Conseils de Prud'hommes comme devant les autres tribunaux. Si elles ne peuvent se concilier devant le bureau particulier elles sont renvoyées devant le bureau général, sans qu'il soit besoin qu'elles soient de nouveau averties, par lettres ou par citation. Il est rédigé par le greffier un procès-verbal de la non conciliation, dont expédition est mise sous les yeux du bureau général. (Code de Procédure, art. 13. — Décret du 11 juin 1809, art. 36. —Moniteur des Prud'hommes, du 15 décembre 1841, n. 2, p. 26, note deuxième.)

PASSEPORT.— L'ouvrier qui voyage doit être pourvu de son livret visé par le Maire ou son Adjoint et d'un passeport. (Décret des 1r. février, 28 mars 1792. — Loi des 10 vendémiaire an 4, 20 octobre 1795, art. 1 et 2. — Arrêtés des 12 messidor an 8; 1r. juillet 1800, art. 3; 3 brumaire an 9; arrêté du 9 frimaire an 12, relatif au Livret des ouvriers, art. 3.)

PATENTE.—(Voyez *Ouvriers.*)

PEINES.— Les peines sont le châtiment attaché à une infraction de la loi; elles sont rangées en trois catégories : les *crimes*, les *délits*, les *contraventions*. Les peines de police que les Prud'hommes sont appelés à appliquer, sont 1°. l'emprisonnement ; 2°. l'amende ; 3°. la confiscation de certains objets saisis. (Code pénal, art. 464.—Voyez aussi *affiches, amendé, juridiction, emprisonnement.*)

PÉREMPTION.— La Péremption est l'extinction d'une instance, par la discontinuation de poursuites pendant un certain temps. Cette définition trouve son origine dans les dispositions de l'article 397 du Code de procédure ainsi conçu : « Toute » instance, encore qu'il n'y ait pas eu constitution » d'avoué, sera éteinte par discontinuation de pour- » suites pendant trois ans. Ce délai sera augmenté » de six mois, dans tous les cas où il y aura lieu » à demande en reprise d'instance, ou constitution » de nouvel avoué. »

Les principes qui la prévoient se trouvent principalement consacrés dans les articles 397 et suivants du Code de procédure civile. (Note de l'auteur.)

PÉREMPTION, Jugement par défaut.—La procédure des Conseils de Prud'hommes, se rapprochant le plus des formes en usage dans les justices de paix, les jugements par défaut rendus par ces conseils ne sont pas soumis à la péremption de six mois. (Cour de Cassation, arrêt du 13 septembre 1809 ; — Orléans 14 avril 1809 ; — Carré et Chauv, sur Carré, question 642 ; — Foucher, *Juridiction des Juges de paix*, tome 4 page 61 ; — Favard, V°. Jugement ; — Pigeau, Comment. 1r., page 39. — Augier, *Encyclopédie des Juges de paix*, V°. Jugements, section 3, n°. 14. — *Journal encyclopédique* *des huissiers*, par Marc Deffaux, de 1845, tome 3, page 180, art. 222.

PILLAGES et dégâts de Marchandises. — Les pillages et dégâts de Marchandises de fabriques sont constatées par les Prud'hommes. (Décret du 18 mars 1806, titre 2, art. 10, 11, 12 et 13. — Décret du 11 juin 1809, art. 28. — Code pénal, art. 440.)

PLAINTE.— Les Prud'hommes ayant le droit d'exercer, en certains cas, les fonctions d'officiers de police auxiliaire du Procureur du roi, ont qualité pour recevoir les plaintes des parties lésées en matières de fabriques. (Code d'instruction criminelle, art. 64. Voyez aussi *Ministère public.*)

FORMULE N°. 26

D'une Plainte portée devant les Prud'hommes.

L'an 1840, le..., du mois de ..., heures du ...., pardevant nous, N..., et O..., Membres du Conseil des Prud'hommes de la ville de ... arrondissement de .... Département de..., tenant le bureau particulier dudit conseil, est comparu le sieur P..., (nom, prénoms, qualité et demeure.) lequel a déclaré..(Motifs de la plainte et noms des délinquants), et a requis que, pour prévenir désormais de semblables délits, la peine prévue par la loi fut appliquée aux délinquants, déclarant qu'il a pour témoins du délit dont il rend plainte, les sieurs N..., R... et P..., et à signé, le comparant avec nous et notre greffier, les jour, mois et an que dessus.

(Signatures.)

POLICE des Manufactures et fabriques. — La police des manufactures, fabriques et ateliers, prend sa base, dans la loi du 22 germinal an 11, titre 2, art. 6 et suivants, et dans le Décret du 3 août, 1810, art. 4. (Voyez *Procès-verbal.*)

POURVOI. — Il appartient au Préfet de convoquer l'assemblée électoral des Prud'hommes au jour et à l'endroit qu'il indique et de la présider, mais non de la composer, et surtout de la composer d'une manière contraire au vœu de la loi.

L'arrêté pris dans ce but par le préfet serait entaché d'excès de pouvoir, et tout électeur inscrit serait en droit de le déférer au Ministre du Commerce, et ensuite au Conseil d'État. (Moniteur des Prud'hommes du 8 août 1846, n. 32, page 127.)

PRÉSÉANCE. — La préséance est un droit qui appartient à un fonctionnaire de se placer dans une cérémonie publique, dans un ordre et dans un rang plus honorable qu'un autre.

La préséance des fonctionnaires dans les cérémonies publiques est réglée par le Décret du 24 messidor an 12, (13 juillet 1804); et c'est un devoir pour les Prud'hommes d'exiger les égards qui leur sont dus, et de prendre place dans les cérémonies publiques, immédiatement après le tribunal de Commerce. (Moniteur des Prud'hommes du 15 octobre 1843, n. 23, page 192.)

PRÉSIDENT, Vice-Président. — Le Président et le Vice-Président des Prud'hommes, sont nommés par le bureau général des Prud'hommes et ne sont en exercice que pendant un an; ils sont toujours l'un et l'autre rééligibles. (Décret du 11 juin 1809, titre 4, art. 25.)

Nota. Si le Président et le Vice-Président étaient en même-temps malades, absents ou empêchés, c'est le doyen d'âge qui présiderait le bureau : il n'y aurait pas lieu à l'élection d'un Président pour la séance. (Moniteur des Prud'hommes du 15 décembre 1841, n. 2, page 25, note deuxième.) — Le Vice-Président remplit ordinairement, et dans les cas prévus par la loi, les fonctions du ministère public.—(Voyez *Ministère Public.*)

PRÉSIDENT, ses fonctions.—Les fonctions particulières du Président du Conseil des Prud'hommes sont tracées par diverses dispositions des lois applicables aux Prud'hommes ; c'est lui qui règle les dispositions extérieures relatives, soit à l'exercice de fonctions du Conseil, soit à la tenue dudit Conseil, et qui correspond avec les autorités administratives ou judiciaires, selon les cas.

Une attribution toute spéciale par exemple, est donnée au Président par l'arclicle 27 du Décret du 11 juin 1809 ; elle consiste à signer les expéditions des Jugements, à la différence de ce qui a lieu dans les autres juridictions où ces expéditions ne sont signées que par le Greffier. (Mollot, n. 100.)

PREUVE TESTIMONIALE. — En matière industrielle, comme en matière commerciale, les Prud'hommes ont la faculté illimitée d'admettre la preuve testimoniale et de l'admettre même outre et contre le contenu aux actes, soit sous-seings privés, soit authentiques. C'est ce qui paraît résulter de la combinaison des articles 109, 41 et 273 du Code de Commerce, avec l'article 1341 du Code civil. (Moniteur des Prud'hommes du 1r. mai 1842, n. 11, page 109 et 110.)

PRESCRIPTION. — Le prix de l'apprentissage dû au maître se prescrit par un an, art. 2272 du Code civil.

Le salaire du louage à temps, se prescrit par six mois, art. 2271, même Code. (Arrêt de Cassation du 7 janvier 1824, Sirey, tome 24, 1re partie, page 90.)

Il y a interruption de prescription en faveur de l'ouvrier, s'il obtient du marchand-fabricant une reconnaissance de la dette, ou s'il forme contre lui une demande judiciaire. Art. 2242, 2245 et 2248 du Code civil.

PRISE A PARTIE. — En cas de plainte en prévarication portée contre un ou plusieurs membres de Prud'hommes, il est procédé contre eux, suivant la forme établie à l'égard des Juges. Art. 33 de la loi du 18 mars 1806. Les Juges peuvent être pris à partie dans les cas suivants :

1°. S'il y a dol, fraude ou concussion qu'on prétend avoir été commis, soit dans le cours de l'instruction, soit lors des Jugements ; 2°. Si la prise à partie est expressément prononcée par la loi ; 3°. Si la loi déclare les juges responsables à peine de dommages-intérêts ; 4°. S'il y a déni de justice ; il y a déni de justice, lorsque les juges refusent de répondre aux requêtes ou négligent les affaires en état et en tour d'être jugées. (Code de Procédure, art. 505 et 506.)

PRIVILÈGE. — Le Privilège est un droit que la qualité de la créance donne à un créancier d'être préféré aux autres, même hypothécaires, code civil, art. 2095 ; ainsi, les ouvriers ont sur les marchandises par eux ouvrées, un droit de rétention qui s'exerce, soit sur le tout, soit sur partie, pour l'intégralité des salaires ou prix de façons; qu'à défaut de rétention, leur privilège subsiste si les choses se trouvent dans le même état en la possession du fabricant au moment de sa faillite; enfin, que si elles ont été par lui vendues ou confondues avec d'autres marchandises, ils ont un droit de gage pour les façons des Marchandises livrées sur les matières premières, ouvrées ou non ouvrées, qui restent entre leurs mains, s'il ne résulte pas des circonstances que les ouvriers ont suivi la foi du fabricant débiteur et ont tacitement renoncé à leur privilège. C'est aux Prud'hommes qu'il appartient de décider si les ouvriers ont dû considérer les matières à ouvrer qu'on leur a confiées comme le gage des salaires qui leur étaient dus pour les marchandises entièrement livrées. (Pothier, traité des obligations, n. 793. — Cour royale de Lyon du 1er février 1832. — Sirey, tome 32, 2me partie, page 387. — Moniteur des Prud'hommes du 1er août 1842, n. 17, page 158.)

PROCÉDÉ. — L'application d'un procédé connu à une chose nouvelle est une invention brevetable. (Cour royale de Rouen, arrêt du 20 novembre 1845. — Moniteur des Prud'hommes du 7 mars 1846, n. 10, page 39.)

PROCÈS-VERBAL. — Les Prud'hommes exerçant à l'égard de toutes les contraventions aux lois et règlements relatifs à l'industrie, les fonctions d'officiers de Police auxiliaire du Procureur du roi, ont mission de constater, d'après les plaintes qui pourraient leur être adressées, les contraventions aux lois et règlements, art. 10 de la loi du 18 mars

1806. — Décret du 3 août 1810, art. 4. — Décret du 5 septembre 1010, art. 9; leurs Procès-verbaux font foi de leur contenu jusqu'à inscription de faux. (Mollot, n. 583. — Code d'instruction criminelle, art. 48 et suivants. — Moniteur des Prud'hommes du 1er septembre 1842, n. 19, page 176. — Voyez aussi Formules 1, 2, 3 et 26. — Voyez encore *Plainte*.)

PRUD'HOMMES. — En 1806, l'homme de génie qui gouvernait la France, comprit qu'il était juste de régulariser le travail et qu'il fallait faire pénétrer au cœur des fabriques l'esprit de justice, d'ordre et de famille, sans lequel il n'est pour le travail ni moralité, ni protection, ni succès. C'est dans cette haute pensée dont les conséquences se sont heureusement développées, qu'il institua les *Prud'hommes*; en les chargeant d'assurer l'exécution de ces lois, et de régler, comme juges spéciaux, les contestations relatives à l'industrie, à l'instar des Juges de Commerce, les Prud'hommes exercent gratuitement leurs honorables fonctions : le respect et la considération sont leur unique récompense; ils sont élus par leurs Pairs et pour trois ans. (Mollot, p. 4.)

Les Prud'hommes étant des magistrats de l'ordre judiciaire, sont à ce titre, exempts du service de la Garde nationale. (Moniteur des Prud'hommes du 1 juillet 1842, n. 15, page 138. — Voyez *Garde nationale*. — Voyez *Incompatibilité*. — Voyez *Conseil des Prud'hommes*.)

PRUD'HOMMES-PÊCHEURS. — Il existe à Marseille et dans plusieurs autres ports de mer, une autre juridiction de Prud'hommes qu'on appelle Prud'hommes-pêcheurs. Les fonctions de ceux-ci sont distinctes et déterminées par des lois particulières, notamment par la loi des 8 aout, 12 octobre 1790. Elles ont aussi pour objet de régler les contestations qui naissent entre les marins-pêcheurs, par suite de leur profession, mais ces fonctions ont beaucoup moins de gravité que celles des Prud'hommes industriels. (Moniteur des Prud'hommes du 15 novembre 1841, n. 1, page 5, note première.)

QUALITÉS DES PARTIES. — Il arrive quelquefois, qu'un assez grand nombre d'enfants mineurs, employés dans les fabriques, se trouvent sans tuteur légal; et que de malheureuses ouvrières sont abandonnées par leur mari, qui refusent d'agir dans leur intérêt commun; que ces individus pour agir légalement seraient obligés de provoquer la nomination plus coûteuse d'un tuteur ou de demander l'autorisation judiciaire, pour obtenir un salaire de quelques francs; dans ces circonstances, comme l'humanité commande que la forme ne doit pas emporter le fond, et que satisfaction soit donnée à celui qui souffre, lorsqu'il ne s'agit que d'un différent minime pour salaire ou autre objet de même nature, les Prud'hommes ne doivent pas hésiter d'entendre la demande toute irrégulière qu'elle soit, telle la jurisprudence paternelle du Conseil des Prud'hommes de Rouen. (Mollot, n. 292. — Voyez *Minorité*.)

QUINCAILLERIE. — Les Prud'hommes sont investis d'un droit de juridiction sur les marques de quincaillerie, ils sont compétents pour la conciliation comme pour le jugement, encore bien que l'article 9 du Décret du 5 septembre 1810, ne parle pas explicitement de la conciliation préalable. (Décret du 5 septembre 1810, art. 8 et 9. — Mollot, n. 273 et suivants.

QUASI-DÉLIT. — Le Quasi-délit est un fait par lequel une personne sans malignité, mais par imprudence, cause du tort à une autre. Si le fait qui est dommageable à autrui était au contraire le fruit de la méchanceté et de la préméditation, il serait appelé *Délit*. Dans ce cas l'action publique est ouverte contre ceux qui en sont les auteurs, aux termes des articles 1382 et 1383 du Code civil. Il faut donc qu'il y ait faute, négligence ou imprudence de la part d'une personne pour qu'elle soit tenue de réparer le tort qu'elle a causé par son fait.

En matière de quasi-délit, comme en matière de délit, la solidarité doit être prononcée contre les auteurs du quasi-délit.

Les instituteurs et les artisans sont responsables du dommage causé par leurs élèves et apprentis, pendant le temps qu'ils sont sous leur surveillance. (Arrêts de Cassation, du 29 mars 1827; — Sirey, tome 28, 1re partie, page 373. — Du 9 juin 1832, Sirey, tome 32, 1re partie, page 744. — Chabrol-Chaméane, Législation usuelle, pages 379 et 380.)

RÉCEPTION DE CAUTION. (Voyez *Caution.*)

RÉCIDIVE. — La récidive consiste à commettre un nouveau crime ou délit après une condamnation déjà subie; comme elle fait supposer une plus grande perversité, elle est une cause d'aggravation dans les peines : il y a récidive en matière de contravention de police, lorqu'il a été rendu contre le contrevenant, dans les douze mois précédents, un premier jugement pour contravention de police, commise dans le ressort du même Tribunal. (Code pénal, art. 483). En matière correctionelle et de police, les dispositions relatives à la récidive peuvent être modifiées, en cas de circonstances atténuantes, par celles de l'article 463 dudit Code pénal. (Chabrol-Chaméane, page 412.)

RÉCUSATION des Prud'hommes. — Un ou plusieurs Prud'hommes peuvent être récusés :

1°. Quand ils ont intérêt personnel à la contestation ;

2°. Quand ils sont parents ou alliés de l'une des parties, jusqu'au degré de cousin-germain inclusivement ;

3°. Si dans l'année qui précède la récusation, il y a eu procès criminel entr'eux et l'une des parties ou son conjoint, ou ses parents et alliés en ligne directe ;

4°. S'il y a procès civil existant entr'eux et l'une des parties ou son conjoint;

5°. S'ils ont donné un avis écrit dans l'affaire. (Décret du 11 juin 1809, art. 54.)

La marche à suivre, pour la récusation d'un ou plusieurs Prud'hommes est celle-ci : la partie qui veut récuser, est tenue de former la récusation, et d'en exposer les motifs par un acte qu'elle fait signifier au Greffier du Conseil par le premier huissier requis. L'exploit est signé sur l'original et la copie, par la partie ou son fondé de pouvoir : la copie est déposée sur le bureau du Conseil, et communiqué immédiatement aux Prud'hommes récusés. (Ibid. art. 55. — Voyez *Réponse à l'acte de récusation.*)

FORMULE N°. 27

D'un Acte de Récusation.

L'an 1840, *le ..., du mois de..., à la requête du sieur N..., (nom, prénoms, profession et domicile du requérant.) j'ai (immatricule de l'huissier) soussigné, me suis cejourd'hui transporté au greffe des Prud'hommes de la ville de ..., où étant et parlant à Monsieur D... greffier dudit Conseil, ai signifié et déclaré à Monsieur O..., membre du même Conseil, que le requérant le récuse pour juge dans la contestation existante entre ledit requérant et le sieur P..., soumise à la décision dudit conseil de Prud'hommes dont il est membre, attendu qu'il est parent...(à tel degré) dudit sieur P... sa partie adverse. (ou qu'il a un intérêt personnel à lui et à la contestation à cause de ...(ou qu'il y a procès entre mondit sieur O..., et le requérant) et pour que mondit sieur O..., membre dudit Conseil n'en ignore, je lui ai en parlant comme dessus, laissé et délivré copie du présent exploit signé du requérant dont acte, le coût est de..*

(Signatures de l'huissier,
et du requérant.)

Vu et reçu copie de l'acte de récusation ci-dessus à ... le...

(Signature du Greffier.)

RÉFÉRÉ. — Le référé est une procédure qui a pour but de faire juger provisoirement et avec rapidité soit les difficultés survenues dans le cours de l'exécution des jugements et des titres, soit toute autre affaire urgente. (Code de procédure civile, art. 808.)

FORMULE N°. 28

D'une Requête en référé.

À Monsieur le Président du Conseil des Prud'hommes de la ville de... supplie humblement N..., qu'il vous plaise, attendu que... (expliquer les motifs d'urgence) lui permettre attendu le cas requiert célérité d'assigner à bref délai pardevant vous en votre hôtel, à jour et heure fixes le sieur P..., pour voir dire que par provision il sera ordonné (telle chose), et vous ferez justice; salut et respect.

(Signature du suppliant.)

ORDONNANCE.

Permis d'assigner, même les jours de fête en notre hôtel, (à tels jours et heure) par N,.. huissier que nous commettons à cet effet : ainsi fait et ordonné en notre hôtel ou au prétoire du Conseil des Prud'hommes, de... le...

(Signature du Président.)

ASSIGNATION.

L'an 1840, le.. du mois de... en vertu de l'ordonnance rendue sur requête par M. le Président du Conseil des Prud'hommes de la ville de ... dûment enregistrée à ... le..., par ... qui a reçu ... et à la requête du sieur N.., j'ai... (immatricule de l'huissier) donné assignation au sieur P..., en son domicile en parlant à... à comparaître telle jour, telle heure, en l'hôtel et pardevant M. le Président du Conseil des Prud'hommes de la ville de ..., pour répondre aux fins des requête et ordonnance ci-dessus, circonstances et dépendences et voir adjuger au requérant les conclusions de ladite requête et j'ai audit sieur P... en son domicile et parlant comme dessus laissé et délivré copie desdites requête, ordonnance, ainsi que la copie du présent exploit, dont acte le coût est de...

(Signature de l'huissier.)

REGISTRE. — Le Conseil des Prud'hommes tient un registre exact du nombre des métiers existants, et du nombre d'ouvriers de tout genre employés dans la fabrique, pour lesdits renseignements être communiqués à la Chambre de commerce, toute les fois qu'il en est requis.

A cet effet, les Conseils des Prud'hommes sont autorisés à faire dans les ateliers, une ou deux inspections nécessaires. (Loi du 18 mars 1806, titre 4, art. 29.

Les dépôts de dessins sont inscrits sur un *registre* tenu *ad hoc* par le Conseil de Prud'hommes, lequel délivre au fabricant un certificat rappelant le numéro d'ordre du paquet déposé, et constatant la date du dépôt. (Ibid, titre 2, art 16. — Voyez aussi *Dessins*.

Le Conseil des Prud'hommes tient aussi un registre, sur lequel sont inscrits les livres d'acquit des chefs d'ateliers. (Loi, ibid, art. 22.)

RÈGLEMENTS. — Les chefs des établissements doivent faire afficher dans chaque atelier où travaillent des enfants : 1°. la loi du 22 mars 1841, et les règlements d'administration publique qui y sont relatifs ; 2°. les règlements intérieurs, pour en assurer l'exécution. (Loi sur le travail des Enfants, dans les manufactures, usines et ateliers, du 22 mars 1841, art. 9.)

RÈGLEMENTS INTÉRIEURS des Fabriques. — Les fabricants ont le droit de fixer par un règlement de Police intérieure, les conditions du travail dans leur établissement; ils peuvent même par argument des articles 1226 et 1229 du Code civil, imposer des clauses pénales en cas d'inexécution des conventions résultant de ce règlement, et par suite déterminer les infractions qui entraînent certaines peines pécuniaires, sauf aux Prud'hommes d'user du droit de modifier la peine, lorsque l'obligation principale a été exécutée en partie. (Code civil, art. 1226, 1229 et 1231. — Moniteur des Prud'hommes, du 15 janvier 1842, no. 4, page 52.)

RENOUVELLEMENT du Conseil des Prud'hommes. — Les Conseils des Prud'hommes sont renouvelés en partie, chaque année, le premier jour du mois de janvier; ils sont toujours rééligibles; il suit des dispositions de la loi, que la durée des fonctions de Prud'hommes, est fixée à trois années, et qu'ils doivent être renouvelés par tiers d'année en année. (Loi du 18 mars 1806, art. 4. — Décret du 11 juin 1809, art. 3.)

RÉPERTOIRE. — Le répertoire est un registre sur lequel les officiers publics inscrivent sommairement les actes par eux reçus, pour en faciliter la recherche ou l'indication. Aussitôt que le Greffier des Prud'hommes a été reçu et qu'il a prêté serment, il doit former un répertoire pour y porter les actes qu'il recevra.

Les répertoires sont à colonnes ; le Greffier doit y inscrire, jour par jour, sans blanc ni interligne, et par ordre de numéro, les actes qui sont dans le cas d'y être portés.

Chaque article du répertoire doit contenir : 1°. son numéro ; 2°. la date de l'acte ; 3°. la nature ; 4°. les noms et prénoms des parties et leurs domiciles ; 5°. la relation de l'enregistrement.

Le numéro à donner à chaque article peut s'écrire en chiffres ; les officiers publics peuvent aussi constater, de la même manière, sur le répertoire, la date de leurs actes ; y relater l'enregistrement, par la simple expression en *chiffres*, des droits perçus et de la formalité.

Le répertoire du Greffier des Prud'hommes, à l'instar de celui des Greffiers des Tribunaux, est coté et paraphé par le président du Conseil des Prud'hommes ; il doit être coté et paraphé avant de s'en servir. (Loi du 22 frimaire an 7, art. 49 et suiv. — Instruction générale de l'enregistrement du 18 février 1808, n. 363. — Instruction général du 7 juin suivant, n°. 382. — Journal de l'enregistrement, art. 2903.

RÉPONSE à l'acte de récusation d'un membre des Prud'hommes. — Le Prud'homme récusé est tenu de donner au bas de l'acte de récusation signifié, et dans le délai de deux jours, sa déclaration par écrit, portant son acquiescement à la récusation, ou son refus de s'abstenir, avec ses réponses aux moyens de récusation. (Décret du 11 juin 1809, art. 56.)

FORMULE N°. 29.

De la Réponse à l'acte de Récusation.

Je soussigné O...., membre de Conseil des Prud'hommes de la ville de ..., déclare déférer à la récusation formée contre moi par le sieur N... , etc. à... le ....

(Signature du membre des Prud'hommes.)

Ou, il n'y a pas lieu à récusation, n'ayant aucun intérêt personnel dans l'affaire, (ou n'étant parent ni allié au degré marqué par la loi,) ou n'ayant pas donné avis par écrit dans l'affaire dudit sieur N..., contre le sieur P...

(Signature.)

FORMULE N°. 30.

Envoi de l'Acte de Récusation, au Président du Tribunal de Commerce.

Nous N..., Président du Conseil des Prud'hommes de la ville de....

Vu l'acte de récusation signifié au sieur O...., membre dudit conseil, à la requête du sieur N...., par exploit de l'huissier H..., en date du... enregistré à.... , le ...

Et vu le refus dudit sieur O... , de s'abstenir de prendre part au jugement à rendre par le Conseil des Prud'hommes, sur la contestation existante entre ledit sieur N... , et le sieur P..., au sujet de ... (mentionner la cause de la récusation.

En conformité de l'article 17 du Décret du 11 juin

1809, transmettons à Monsieur le Président du Tribunal de Commerce de la ville de...., ledit acte de récusation et la réponse que ledit sieur O... y a faite pour y être statué ce que de droit.

Pour la décision intervenir audit Tribunal, nous être renvoyée afin que les parties aient à s'y conformer.

A ...., le.... 1840.

(Signature du Président.)

Nota. L'expédition de l'acte de récusation et de la déclaration du Prud'homme, s'il y en a, est envoyé par le Président du Conseil au Président du Tribunal de Commerce, dans le ressort duquel le Conseil est situé. (Décret du 11 juin 1809, art. 57.)

REPRÉSENTATION.—Chaque industrie comprise dans l'ordonnance de création, doit avoir un ou plusieurs représentants dans les Conseils, ou du moins, concourir à leur élection. (Mollot, nº. 33.)

RESSORT du Conseil des Prud'hommes. — L'ordonnance de création doit le déterminer. (Mollot, 35.)

RETENUE SUR LE SALAIRE.— La loi pour assurer le crédit des ouvriers en facilitant le remboursement des Avances qui leur ont été faites, impose aux fabricants, qui emploient un ouvrier porteur d'un livret chargé, l'obligation de retenir au profit du créancier jusqu'à concurrence du cinquième du prix de son salaire journalier. (Arrêté du 9 frimaire an 12, relatif aux livrets d'ouvriers, art. 8 et 9.

L'ouvrier est tenu aux termes de l'article 5 de cette loi, de faire inscrire le jour de son entrée sur son livret, par le maître chez lequel il se propose de travailler ; de là il en résulte, qu'il ne reste aucune incertitude sur la durée du temps pendant lequel les retenues doivent avoir lieu : l'obligation qui résulte de cet article, est tellement rigourèuse, que le fabricant serait personnellement responsable des retenues qu'il n'aurait pas opérées alors même qu'il n'aurait ni inscrit l'entrée de l'ouvrier, ni vu le livret, car il devait se le faire remettre.

C'est là une sorte de saisie-arrêt qui s'exerce par la seule force de la loi, et ne permet pas de solder l'ouvrier au préjudice du créancier inscrit, à peine de payer deux fois sauf son recours ; la loi exige même plus, elle veut qu'il prévienne le créancier et tienne constamment à sa disposition, le montant des retenues qu'il a opérées. (Ibid. art. 5, 8 et 9.—Moniteur des Prud'hommes du 1er. octobre 1842, n°. 21, page 189, note deuxième.)

RETENUE SUR LE SALAIRE, Chef d'atelier.— Lorsque le chef d'atelier reste débiteur du fabricant pour lequel il a cessé de travailler, celui qui lui donne postérieurement de l'ouvrage est obligé de retenir la huitième partie du prix des façons dudit ouvrage, en faveur du fabricant dont la créance est la plus ancienne sur le livret d'acquit. (Loi du 18 mars 1806, titre 3, art. 25.)

SAISIE DE MÉTIERS, ou de Matières premières, confiés à un ouvrier. — Le fabricant à qui appartiennent les métiers, ustensiles et matières premières trouvés et saisis chez un ouvrier à façon par son créancier a le droit de s'opposer à la vente. (Code de Procédure civile, art. 608. — Arrêt de Cassation, du 21 mars 1826. Sirey, tome 26, 1re partie, page 390.—Moniteur des Prud'hommes du 1er. janvier 1843, n. 4, pages 30 et 31.)

SAISIE D'OUVRAGES de Quincaillerie et de Coutellerie. — La saisie des ouvrages de quincaillerie et de coutellerie, dont la marque aurait été contrefaite, a lieu sur la simple réquisition du propriétaire de cette marque ; les officiers de police sont tenus de l'effectuer sur la représentation du procès-verbal de dépôt ; ils renvoient ensuite les parties devant le conseil des Prud'hommes, s'il y en a un dans la Commune, et s'il n'y en a point, le Juge de Paix du canton prend connaissance de l'affaire. (Décret du 11 juin 1809, titre 3, art. 8. —Mollot, n. 462.)

Nota. Cette saisie se fait par les Prud'hommes ou les officiers de police. (Mollot, n. 463.)

— (Voyez *Contrefaçon.*)

SALAIRE. (Voyez *Retenue sur*).

SAVON. — Le savon est une composition faite avec de l'huile et autre matière grasse, et un sel alcalin, et qui sert à blanchir le linge, à nettoyer, à dégraisser. Des abus s'étant introduits dans la fabrication des savons, des décrets furent rendus pour réprimer les fraudes qui se commettaient au préjudice du commerce et des consommateurs. Le Décret du 1er. avril 1811, oblige les fabricants à marquer leurs savons; les articles 3, 4 et 5 de ce Décret, sont ainsi conçus :

« ARTICLE 3. Tout savon non marqué, ou tout » savon marqué comme savon à l'huile, quoiqu'il » soit à la graisse, ou marqué d'une fausse marque, » sera saisi dans les magasins des fabriques ou chez

» les marchands, *à la diligence des Prud'hommes,*
» de tout officier de police municipale et judiciaire,
» ou à la réquisition de toute partie intéressée; et la
» confiscation en sera prononcée par les autorités
» compétentes, moitié au profit des Hospices, l'autre
» moitié au profit des officiers de police ou des
» parties requérantes, sans préjudice d'une amende
» qui ne pourra excéder trois mille francs, et sera
» double en cas de récidive, ou d'autres peines por-
» tées par les lois et règlements.

» ARTICLE 4. Tout fabricant convaincu, par la
» décomposition, d'avoir fraudé dans la fabrication
» du savon par l'introduction d'une quantité sura-
» bondante d'eau ou de substances propres à en
» altérer la qualité, sera poursuivi, et son savon
» confisqué, comme il est dit en l'article précédent,
» sans préjudice des dommages-intérêts, s'il y a lieu.

» ARTICLE 5. Le présent décret n'est applicable
» qu'aux savons destinés aux blanchisseries,
» teintures et dégraissage, et non à la fabrication
» des savons de luxe et de toilette ».

Un décret du 18 septembre 1811 règle la forme des diverses marques :

» Tout fabricant convaincu d'avoir versé dans le
» commerce, du savon qui ne serait pas marqué,
» est puni, pour la première fois, d'une amende
» de mille francs; en cas de récidive cette amende
» est double. (Ibid., art. 2.) Ces contraventions sont
» portées devant les cours et tribunaux, comme
» matières de police. (Ibid., art. 3.) »

Un décret du 22 décembre 1812 établit une marque particulière pour les savons à l'huile fabriqués à Marseille. Le savon qui est fabriqué dans cette ville, avec de l'huile de graines, du suif ou de la graisse, doit avoir la même marque que celle qui est prescrite par le décret du 18 septembre 1811. (Chabrol-Chaméane, page 499.)

Il résulte des dispositions de ces lois, que les Prud'hommes ont le droit non seulement de constater les contraventions qui y sont commises, mais encore de saisir même dans les magasins des fabriques, ou chez les marchands, les savons *non marqués*, ou tout savon fait en fraude de la loi ; c'est-à-dire surchargé d'eau, ou mélangé de corps terreux, tels que la craie ordinaire, la poudre de Briançon et autres matières viles, nuisibles à la qualité.

FORMULE N°. 31

D'un Procès-Verbal de Visite, dans une fabrique de savon.

L'an 1840, *le..., du mois de..., nous soussignés M... et N..., membres du Conseil des Prud'hommes, de la ville de..., arrondissement de .... Département du ..., désignés par Monsieur le Président dudit Conseil pour faire, dans les fabriques de savon de la ville de...., et dans les lieux de débit de savon, les visites ordonnées par l'article* 5 *du décret du* 1er *avril* 1811. *Nous nous sommes transportés accompagnés de notre Greffier, dans la fabrique de savon du sieur.... (ou bien dans les magasins, ou la boutique du sieur N..,) où nous avons trouvé (exprimer le nombre de caisses et leur contenance de briques de savon,) non empreintes de la marque dudit sieur...., en conséquence, avons procédé à la saisie desdits savons, et les avons fait transporter au greffe dudit Conseil de Prud'hommes, pour être statué contre ledit sieur.... (partie saisie) ce qu'il appartiendra.*

De laquelle opération, nous avons rédigé et clos le présent procès-verbal que nous avons signé, ainsi que notre greffier, les jours, mois et an que dessus.

(Signatures.)

Nota. Pour la procédure à suivre sur le procès-verbal qui précède, voyez Formule, n. 1.

SAVON. (Voyez *Marques.*)

SÉANCE. (Voyez *Bureau particulier.*)

SECRÉTAIRE des Prud'hommes. — (V. *Greffier.*)

SECRET de fabrique. — Tout directeur, commis, ouvrier de fabrique, qui aura communiqué à des étrangers, ou à des Français résidant en pays étranger, des secrets de la fabrique où il est employé, encourre la peine de la réclusion et d'une amende de cinq cents francs à vingt mille francs. Si ces secrets sont communiqués à des Français résidant en France, la peine est d'un emprisonnement de trois mois à deux ans, et d'une amende de seize francs à deux cents francs. (Code pénal, art. 488.)

SERMENT des Prud'hommes. — Les Prud'hommes prêtent entre les mains du préfet ou du fonctionnaire public qui le remplace, le serment dont la teneur suit :

« Je jure fidélité au Roi des Français, obéissance » à la charte constitutionnelle et aux lois du

» royaume. » Il ne peut être exigé d'eux aucun autre serment; si ce n'est en vertu d'une loi. (Décret du 11 juin 1809, titre 3, art. 20. — Moniteur des Prud'hommes du 15 décembre 1841, n. 2, p. 24, note première.)

SERMENT. — A défaut de convention prouvée sur le prix du louage à temps, l'affirmation du maître est reçue. (Code civil, art. 1781. — Mollot, n. 170.)

— Lorsque l'une des parties défère le serment à l'autre, les Prud'hommes peuvent aussi recevoir l'affirmation. (Mollot, n. 343.)

SOUSTRACTION de matières premières. — Les Prud'hommes sont *chargés spécialement* de constater les soustractions de matières premières qui peuvent être faites par les ouvriers au préjudice des fabricants et les infidélités commises par les teinturiers. Leurs procès-verbaux constatant ces délits, sont adressés au bureau général des Prud'hommes, et envoyés ainsi que les pièces de conviction, aux tribunaux compétents. (Loi organique du 18 mars 1806, titr. 2, art. 12 et 13. — Moniteur des Prud'hommes, du 15 novembre 1841, n. 1, p. 13, note trois•.)

— (V. *Accusation.* — V. aussi formules n. 1 et 16).

SCRUTATEURS. — Il est nommé par le préfet ou par le fonctionnaire public qui le remplace pour présider l'assemblée électorale des Prud'hommes, un secrétaire et deux scrutateurs. (Décret du 11 juin 1809, art. 17.)

UPPPLÉANTS. — Afin de remplacer les Prud'hommes qui viendraient à mourir ou à donner leur démission pendant l'exercice de leurs fonctions, il est nommé deux suppléants, dont l'un est choisi parmi les marchands-fabricants, et l'autre parmi les chefs d'atelier, les contre-maîtres ou les ouvriers patentés. (Ibid., art. 18.)

TABLES pour l'empreinte des marques. — Dans les villes où il y a des conseils de Prud'hommes, les marques que les fabricants sont autorisés à mettre sur leurs ouvrages, sont empreintes sur des tables communes déposées à cet effet au greffe de ces conseils, selon les dispositions de l'article 7 du décret du 11 juin 1809. Quant aux marques des fabricants de quincaillerie et de coutellerie qui s'impriment *en creux*, ou *en relief*, les tables peuvent être remplacées par le dépôt d'une pièce quelconque frappée de la marque du fabricant. (Décret du 5 septembre 1810, art. 5, 6 et 7. — Moniteur des Prud'hommes, du 15 décembre 1841, n. 2, page 23, note deuxième.)

TARIF des frais. — Les frais tarifés pour les conseils de Prud'hommes sont ceux ci-après; savoir :

Il est payé au greffier des Prud'hommes, pour la lettre d'invitation de se rendre au conseil, trente centimes, ci. . . . . 0 fr. 30 c.

Pour chaque rôle d'expédition qu'il délivre, et qui contiendra vingt lignes à la page et dix syllabes à la ligne, quarante centimes, ci. . . . . 0 " 40

Pour l'expédition du procès-verbal, constatant que les parties n'ont pu être conciliées, quatre-vingt centimes, ci 0 80

Pour l'expédition du procès-verbal qui constatera le dépôt du modèle d'une marque, trois francs, ci . .	3	00
A l'huissier attaché au conseil des Prud'hommes, pour chaque citation, un franc vingt-cinq centimes, non compris timbre, enregistrement et voyage, ci	1	25
Au même, pour la signification d'un jugement, un franc soixante-quinze centimes, ci	1	75
S'il y a une distance de plus d'un demi-myriamètre entre la demeure de l'huissier et le lieu où devront être remises la citation et la signification, il sera payé par myriamètre, aller et retour,		
Pour la citation, un franc soixante-quinze centimes, ci	1	75
Pour la signification, deux francs, ci	2	00
Pour la copie des pièces qui pourra être donnée avec les jugements rendus, il sera payé à l'huissier, par chaque rôle d'expédition de vingt lignes à la page et de dix syllabes à la ligne, vingt centimes, ci	0	20

— Aux honoraires fixés par ces articles, il faut ajouter le coût du timbre, de l'enregistrement et de l'inscription au répertoire dans les cas où ils ont lieu. Les actes énumérés au tarif ci-dessus ne sont pas les seuls qui se fassent devant la juridiction des Prud'hommes, mais les plus fréquents. Pour les autres, soit qu'ils appartiennent à leur juridiction civile, soit qu'ils se rapportent à leurs attributions d'officiers de police auxiliaires du procureur du roi, de tribunal de simple police, ou de tribunal jugeant correctionnellement, les contrefaçons des marques de coutellerie et quincaillerie, les honoraires des greffiers et huissiers, (et aussi quand il y a lieu, des Prud'hommes eux-mêmes), sont ceux fixés par les tarifs civil et criminel, pour les juges, greffiers et huissiers des justices de paix et des tribunaux ordinaires. (Décret du 11 juin 1809, art. 59 et 60. Moniteur des Prud'hommes, du 15 décembre 1841, n. 2, p. 28, note troisième.)

TAXE des témoins. — Il est taxé aux témoins entendus par les conseils des Prud'hommes, une somme équivalente à une journée de travail, même à une double, si le témoin a été obligé de se faire remplacer dans sa profession. Cette taxation est laissée à la prudence des Prud'hommes. Si le témoin n'a pas de profession, il lui est taxé deux francs. — Il ne lui est pas passé de frais de voyage, s'il est domicilié dans le canton où il est entendu; s'il est domicilié hors du canton, et à une distance de plus de deux myriamètres et demi du lieu où il fera sa déposition, il lui est alloué autant de fois une somme double de journée de travail, ou une somme de quatre francs, qu'il y aura de fois cinq myriamètres de distance entre son domicile et le lieu où il aura déposé. (Décret du 11 juin 1809, art. 61.)

TEINTURIER. — Par teinturier, la loi veut parler de celui dont l'industrie est en sous-ordre, qui colore les produits de la fabrique, à façon, et avec la couleur que lui fournit le fabricant : c'est pourquoi elle le range dans la cathégorie des ouvriers. Si le teinturier fournit la couleur, on l'assimile au fabricant. Il en existe de cette seconde espèce, dans presque toutes les villes de fabriques. (Mollot, n. 47 et 48.)

TROUBLE dans les ateliers. — A côté du pouvoir légal qu'exercent les Prud'hommes, de faire exécuter les lois relatives aux fabriques, ils peuvent encore exercer une sorte de juridiction amiable et volontairé, un arbitrage bénévole et paternel, c'est celui de prévenir le trouble dans les ateliers, surtout quand des discussions sur les conditions et le prix du travail s'élèvent et peuvent amener des collisions et du désordre, ils doivent exprimer leur avis, et faire au chef d'industrie et aux ouvriers de sages représentations, qui le plus souvent éteignent le débat. Il serait à désirer que dans les lois industrielles dont s'occupe en ce moment le gouvernement, les Prud'hommes fussent autorisés à juger les différends qui s'élèvent souvent entre les chefs d'industrie et les ouvriers, sur le prix de leur journée. (Note de l'auteur.)

USURPATION de nom. — Le nom d'un commerçant, d'un fabricant, est une propriété qu'il importe de faire respecter, puisqu'il s'y rattache souvent une réputation commerciale qui constitue une sorte de patrimoine de famille, dont personne ne peut disposer. C'est pourquoi, il y a délit d'usurpation de nom, dans le fait d'apposer sur des marchandises, des étiquettes qui portent, avec le nom de convention donnée par un autre fabricant à ses produits, un nom compris dans sa raison commerciale. (Loi du 28 juillet 1824; art. 1r. — Moniteur des Prud'hommes, du 15 avril 1843, n. 11, p. 89.)

VICE-PRÉSIDENT. — Si le président et le vice-président d'un conseil de prud'hommes étaient en même temps malades, absents ou empêchés, c'est le doyen d'âge qui présiderait le bureau ; le vice-président remplit, en certain cas, les fonctions du ministére public. (Voyez Ministère public.)

VISITES dans les ateliers. (Voyez Inspection.)

FIN.

TABLE DES FORMULES.

Amiens.—Imp. d'Alfred CARON, Galerie du Commerce.

www.ingramcontent.com/pod-product-compliance
Ingram Content Group UK Ltd.
Pitfield, Milton Keynes, MK11 3LW, UK
UKHW021155260726
13994UKWH00001B/475

9 782329 432113